아빠와 함께한 정보올림피아드 이야기
· C 언어 문법편

이원하, 이승준 지음

아빠와 함께한 정보올림피아드 이야기 · C 언어 문법편

저　자 ｜ 이원하, 이승준
펴낸이 ｜ 최용호

펴낸곳 ｜ (주)러닝스페이스(비팬북스)
디자인 ｜ 최인섭
주　소 ｜ 서울시 구로구 디지털로 32가길 16 1206
전　화 ｜ 02-857-4877
팩　스 ｜ 02-6442-4871

초판발행 ｜ 2018년 3월 15일
등록번호 ｜ 제 25100-2017-000082호
등록일자 ｜ 2008년 11월 14일
홈페이지 ｜ www.bpanbooks.com
전자우편 ｜ book@bpanbooks.com

이 도서의 저작권은 저자에게 있으며 저자 및 출판사의 허락 없이 일부 혹은 전체 내용을 무단복제하는 행위는 저작권법에 저촉됩니다.

값 20,000 원
ISBN 978-89-94797-82-3 (43000)

비팬북스는 (주)러닝스페이스의 출판부문 사업부입니다.

이 도서의 국립중앙도서관 출판시도서목록 CIP는 e-CIP 홈페이지(http://www.nl.go.kr)에서 이용하실 수 있습니다.
(CIP 제어번호: CIP2018007717)

Special Thanks to My Family

들어가며

어떻게 하면 아이들 눈높이에 맞게 C 언어를 이야기할 수 있을까?

얼마 전부터 초등학교 5학년 승준이가 프로그램 짜는 방법을 알려달라고 조르더니 덩달아 한 살 터울의 서연이까지 조르기 시작했다. 그저 컴퓨터가 동작하는 것이 신기하고 요즘 푹 빠져있는 "크래쉬 오브 클랜" 같은 게임을 만들 수 있다는 막연한 생각이거니 하면서 마땅한 책이 없어서 못 가르쳐 준다고 핑계를 대고 있었다.

사실 초등학교 5학년이 프로그래밍 언어를 배우는 것이 못마땅하다는 생각이 들었다. 아이들은 우리 어렸을 때처럼 땅 따먹기 하고 콧물 질질 흘리면서 구슬치기하고 놀아야 하는 것 아닌가? 무엇이 정답인지는 모르겠으나 승준이의 강력한 요구에 오랜만에 서점을 방문하여 아이들이 볼 만한 프로그래밍 언어 책이 있나 둘러보았으나 급 좌절하게 되었다. 책들이 적어도 영어 좀 알고 어느 정도 학년이 되어야 이해할 수 있게 쓰여져 있어서 컴퓨터 프로그래밍을 처음 시작하는 초등학생에게 적당한 책을 찾아볼 수 없었다.

마땅한 책이 없어 차일피일 미루던 차에 갑자기 나라님께서 큰기침 몇 번 하시니깐 아래 계신 분들이 'S/W 교육을 정규 과목으로 넣겠다', '입시에 반영하겠다'라면서 난리가 났다. 문득 "아! 또 다른 학원 시장이 열리겠구나. 한때 유행처럼 번졌던 컴퓨터 학원이 사양산업이 되었는데 다시 창궐하겠구나"라는 생각이 들었다. 가뜩이나 사교육 시장에 허리띠 졸라매고 살아가는데 이건 아니다 싶었다. 그래서 이 거대한 몸을 움직여(사실 집에서 우리 딸은 아빠를 '살찐 하마'라고 부르며 저녁 금식을 주장하고 있다) 아이들 눈 높이에 맞는 C 언어 자료를 정리해 보기로 결심하였다.

다행히도 이전에 우연치 않은 기회에 책을 몇 권 써 본 경험이 있었고, 대학에서 학생들에게 프로그래밍 언어를 가르쳐본 적이 있어서 우리 아이들과 함께 프로그래밍 언어를 배워 나가며 아이들이 어려워하는 부분을 함께 풀어나가며 정리해 보기로 했다.

더불어 정보올림피아드를 준비하는 학생들이 초등학생만 전국적으로 2,000명정도 되는 것으로 파악되는데 마땅한 교재가 없고 어떻게 시작하는지 몰라 학원에 의존하는 것이 안타까웠다.

국영수의 경우 부모님들이 어느 정도 지원을 해 줄 수 있지만 프로그래밍의 경우 전공자가 아니면 접근하기 어려운 부분이 있어 아이들의 지적 호기심을 부모님의 지갑으로 대신하는 수 밖에 없는 것이 안타까웠다. 문법에 대한 책은 다소 나와 있었지만 기출문제에 대한 해설도 없기에 문법 편과 기출문제 편으로 나눠서 책을 내기로 했으니 올림피아드 예선 시험을 준비하는 아이들에게 조금이나마 도움이 되었으면 좋겠다.

승준이와 서연이 뿐만 아니라 대부분의 아이들은 "왜?"라는 말을 달고 사는 것 같다. 그러나 그 질문에 항상 친절하게 답하기에는 나의 개인적 수양이 덜되어 있다고 느낀다. 이 세상의 모든 부모가 자식이 모르는 것에 대해 친절하게 대답해 주려고 노력하겠지만 적어도 "C" 프로그래밍에 대해서는 이 책이 조금이나마 대답을 대신해 줄 수 있기를 소망한다.

마지막으로 책의 내용을 함께 검토하면서 같이 집필한 아들 이승준(서연이에게도 감사)과 가족에게 감사의 말을 전한다.

목차

1장 C 언어 준비 • 10

    1.1 코드블록(Code::Blocks) 소프트웨어 다운로드 받기 • 14

    1.2 코드블록(Code::Blocks) 설치 • 18

2장 'Hello world!'라고 화면에 나타내보자 • 26

    2.1 프로젝트의 생성 • 28

    2.2 C 프로그램의 구조 • 42

    2.3 프로그램 사라지지 않게 하기 • 49

    2.4 프로그래밍 규칙 • 50

3장 변수란 무엇인가? • 54

    3.1 변수와 변수 크기 • 57

    3.2 변수 이름 규칙 • 61

    3.3 대입 연산자 • 63

    3.4 변수 초기화 • 64

4장 화면 입출력 • 68

    4.1 화면 출력 함수: printf() • 71

    4.2 화면 출력 함수: putchar(), puts() • 76

    4.3 키보드 입력 함수: scanf() • 79

5장 정수 자료형 처리하기 • 84

    5.1 정수형 연산자 • 86

6장 실수 자료형 처리하기 • 90

    6.1 실수형 연산자 • 92

7장 문자 자료형 처리하기 • 96

    7.1 아스키 코드와 문자형 • 98

    7.2 문자열 • 106

8장 상수란 무엇인가? • 110

    8.1 상수의 선언 • 112

    8.2 DEFINE의 활용 • 113

    8.3 enum의 활용 • 115

9장 연산자의 활용 • 120

    9.1 산술 연산자 • 122

    9.2 비교 연산자 • 128

    9.3 논리 연산자 • 132

    9.4 비트 연산자 • 139

10장 조건문의 활용 • 140

    10.1 조건문: if…else • 143

    10.2 조건문: switch…case • 151

11장 반복문의 활용 • 154

    11.1 for 문 • 157

    11.2 while 문 • 164

    11.3 do…while 문 • 169

    11.4 분기의 활용: break, continue, goto • 173

12장 배열의 활용 • 182

    12.1 배열의 선언과 활용 • 184

    12.2 다차원 배열의 선언과 활용 • 193

13장 포인터의 활용 • 200

    13.1 포인터란 무엇인가? • 202

    13.2 포인터의 선언 및 값 조회 • 206

    13.3 포인터와 배열의 관계 • 209

    13.4 포인터와 문자열 • 213

14장 함수의 활용 • 218

    14.1 함수의 선언 및 활용 • 223

    14.2 전역 변수와 지역 변수 • 228

    14.3 매개 변수의 전달 • 232

15장 구조체의 활용 • 236

15.1 구조체의 선언 및 초기화 • 238

15.2 구조체 포인터 변수 선언 및 초기화 • 242

15.3 구조체 멤버의 접근 및 활용 • 243

15.4 구조체 배열 • 246

16장 공용체의 활용 • 250

16.1 공용체의 선언 및 초기화 • 252

16.2 공용체 멤버의 참조 • 253

17장 파일 입출력 • 256

17.1 파일의 선언 • 258

17.2 파일 쓰기 • 260

17.3 파일 읽기 • 265

18장 비트 연산자 • 272

18.1 진법 변환 • 274

18.2 비트와 바이트 • 276

18.3 비트 논리 연산자 • 277

18.4 비트 이동 연산자 • 282

1장 C 언어 준비

1.1 코드블록(Code::Blocks) 소프트웨어 다운로드 받기

1.2 코드블록(Code::Blocks) 설치

우리는 이 책에서 왜 C라는 언어를 다루려고 하는 것일까?

자바(Java)나 파이썬(Python) 같은 최신 프로그래밍 언어를 한번쯤 들어본 적이 있을 거야. 이런 최신 프로그래밍 언어는 배우기에 좀더 편하고, 원하는 결과도 쉽게 얻을 수 있어. 그런데 굳이 C를 배우려는 이유는 무얼까?

C라는 프로그래밍 언어(편의상 '프로그래밍 언어'를 그냥 '언어'라고 하자)는 1970년대 초에 벨(Bell)이라는 연구소의 데니스 리치(Dennis Ritche)라는 분이 설계했어. 요즘 사용되고 있는 거의 모든 프로그래밍 언어의 기본이 되는 언어인데, 뒤에서 보면 알겠지만 영어와 비슷한 단어와 문법을 이용해서 프로그램을 짤 수 있어. 이런 점에서 프로그래밍 기초를 처음 배우기에 가장 적합한 언어라고 할 수 있어.

휴대폰도 최신 휴대폰이 좋고 컴퓨터도 최신 컴퓨터가 좋은데 왜 프로그래밍 언어는 오래된 것을 배우자고 하는지 승준과 서연 모두 궁금하지?

물론 아빠가 최신 언어를 가르쳐 줄 수 있어. 그렇지만 C 언어를 먼저 배우면 기초가 탄탄해져서 다른 언어를 빨리 배울 수 있다는 것이 아빠 생각이야.

걸을만한 기초 체력도 없는데 뛰는 훈련을 먼저 시키면 곧 뛸 수는 있겠지만 얼마 가지 않아서 힘들어지겠지. 그때 가서 기초 체력을 키우려고 하면 이미 시간이 많이 지나서 결국 손해가 되겠지. 언어를 배우는 데도 튼튼한 기초가 필요하단다. 첫 프로그래밍 언어로 C 언어를 선택한 이유를 알겠지?

일단 프로그래밍 언어(Programming Language)와 프로그램(Program)이라는 말의 뜻부터 이해하고 시작하자.

우리나라 사람들은 한국어를 사용하고, 미국 사람들은 영어를 사용하지? 마찬가지로 컴퓨터 나라에서는 '컴퓨터 나라말'을 사용한단다. 컴퓨터 나라말을 프로그래밍 언어라고 할 수 있어.

정확하게 말해서 컴퓨터 나라에서는 0과 1이라는 숫자로 표시된 기계어(Machine Language)를 사용하는데 기계어를 배우기란 여간 어려운 것이 아니란다. 기계어보다 조금 더 알기 쉬운 어셈블리어(Assembly Language)라는 것도 있는데 이것 역시 어려운 건 마찬가지이지.

그래서 여러 훌륭한 사람들이 영어랑 비슷한 말로 컴퓨터 나라말을 만들었어. 그게 바로 이 책에서 우리가 배우게 될 C라고 하는 컴퓨터 나라말이야. (우리나라에서 만들었다면 한글과 비슷했겠지. 그런 시도를 해서 실제로 만들었는데 쓰는 사람이 없어서 지금은 어디 갔는지도 모른단다.)

컴퓨터 나라말인 C를 가지고 컴퓨터에게 명령을 내리는데, 이걸 '프로그래밍을 한다' 또는 '프로그램을 짠다'라고 해. 명사에 -ing가 붙으면 '...을 하는 동작'을 의미하지? 프로그램을 짜는 과정이어서 프로그래밍(Programming = Program + ing)이라고 하는 거지.

근데, 바로 앞에서 컴퓨터가 진짜 알아듣는 말을 기계어라고 했지? 다시 말해서 컴퓨터는 C 언어로 짠 명령을 바로 알아듣지는 못해.

C 언어로 짠 프로그램을 컴퓨터가 알아 듣게 하는 녀석이 필요해. 그걸 컴파일러(Compiler) 또는 인터프리터(Interpreter; 해석기, 번역기, 통역기)라고 해. 컴파일러를 사용하려면 컴파일러를 컴퓨터에 설치(Install; 인스톨) 해야겠지. 우리는 어떤 컴파일러를 사용할까?

세상에는 실력 있고 착한 사람들이 많이 있어. 그런 사람들이 모여서 무료 소프트웨어를 만들기 시작했어. (무료로 사용하려면 몇 가지 조건이 있지만 학생들이 공부하는 목적으로 사용하는 데는 아무 문제가 없어.) 나 혼자 만들면 힘들겠지만 여러 사람이 힘을 합치면 내가 해야 할 일의 양이 줄어 들어서 어려운 일도 할 수 있겠지? 그렇게 시작한 게 오픈 소스(Open Source)야. 여러 사람이 자신의 재능을 기부해서 다른 사람에게 도움을 주자는 취지로 만든 거지.

그런 취지에 따라 만들어진 'Code::Blocks'라는 프로그램이 있는데, 이 책에서는 이 프로그램을 사용할 거야. 여러 가지 오픈 소스가 있지만 '코드블록'을 선택한 이유는 승준이가 관심 있는 '정보올림피아드'에서 이 코드블록이라는 프로그램을 사용하기 때문이지.

1.1 코드블록(Code::Blocks) 소프트웨어 다운로드 받기

먼저 코드블록 소프트웨어를 다운로드 받기 위해 웹 브라우저(인터넷 익스플로어나 구글 크롬 같은 소프트웨어)를 이용해서 http://www.codeblocks.org/에 접속해 보자.

[그림 1]과 같이 코드블록 홈페이지에 접속했으면 상단의 [Downloads]를 클릭할까.

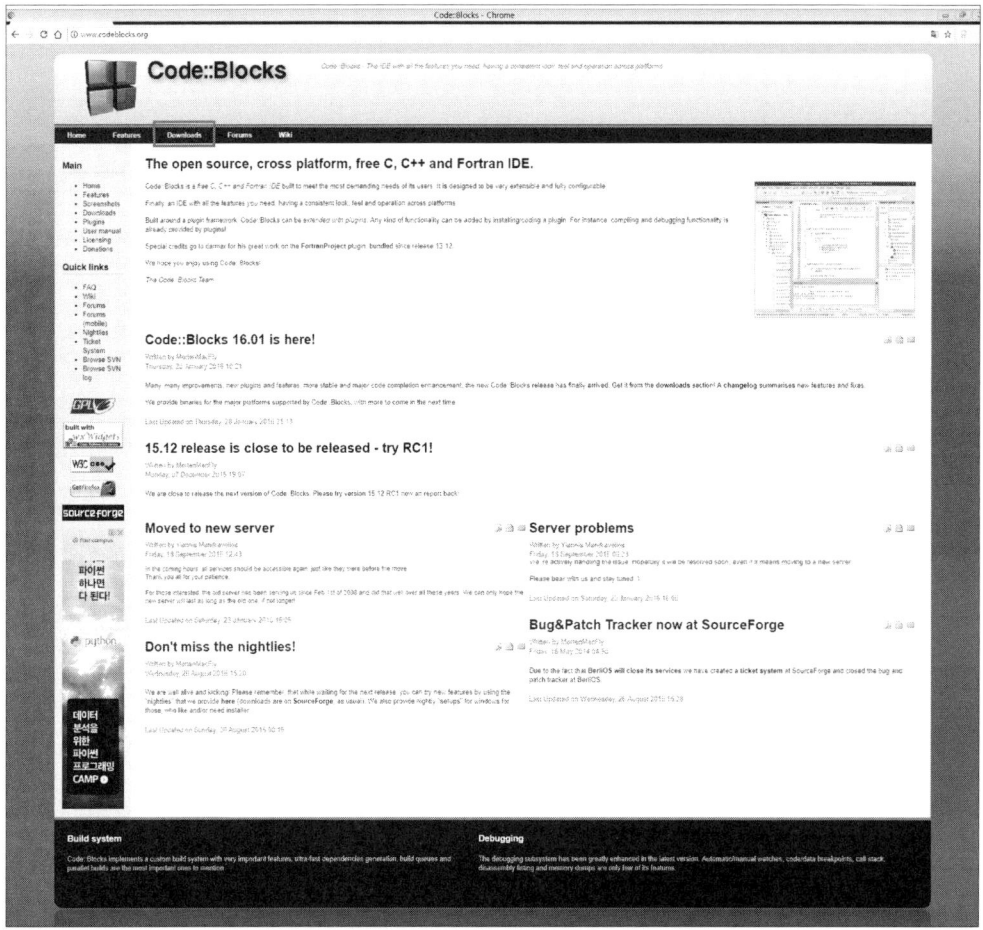

[그림 1] Code::Blocks 홈페이지(http://www.codeblocks.org)

[그림 2]의 상단에 있는 [Download the binary release]를 선택하자. binary는 '실행 가능한 파일'이라는 뜻이고, release는 '프로그램이 배포되었다'는 의미야.

[그림 2] 다운로드 페이지

[Download the binary release]를 선택하면 [그림 3]과 같이 설치 파일 다운로드 페이지가 나타나.

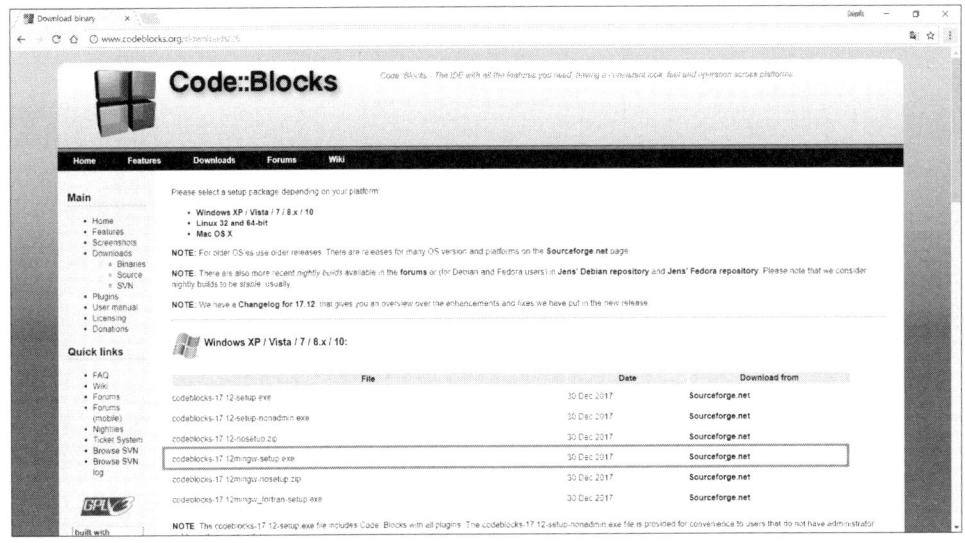

[그림 3] 설치 파일 다운로드 선택

우리는 윈도우를 사용하고 있으므로 상단에 있는 "Windows XP / Vista / 7 / 8.x / 10"에 해당하는 파일을 선택해야 하는데 여러 가지 종류가 있는 게 보이지? 여기서 'codeblocks-17.12mingw-setup.exe' 파일을 선택하면 설치 파일을 다운로드받을 수 있어.

여기서 17.12는 코드블록의 버전 정보를 의미해. (버전 번호는 기능이 확장되면서 올라가는 것이 일반적이야. 그러니까 다운로드받는 시점에 버전 번호가 17.12보다 더 올라가 있을 수 있겠지.)

일반적으로 컴퓨터에 프로그램을 설치할 때 'Setup' 또는 'Install'이라는 프로그램을 사용하는데 'codeblocks-17.12-setup.exe'를 설치하면 앞에서 설명했던 컴파일러라는 것이 빠져 있단다.

'mingw'는 'Minimalist GNU for Windows'라는 의미로 컴파일러가 포함되어 있는 파일을 의미한단다.

[Sourceforge.net]을 클릭하면 SOUREFORGE로 이동하고, [그림 4]와 같이 파일이 자동으로 다운로드되어 내 PC에 저장되는 것을 확인할 수 있어. 한번 해 볼까!

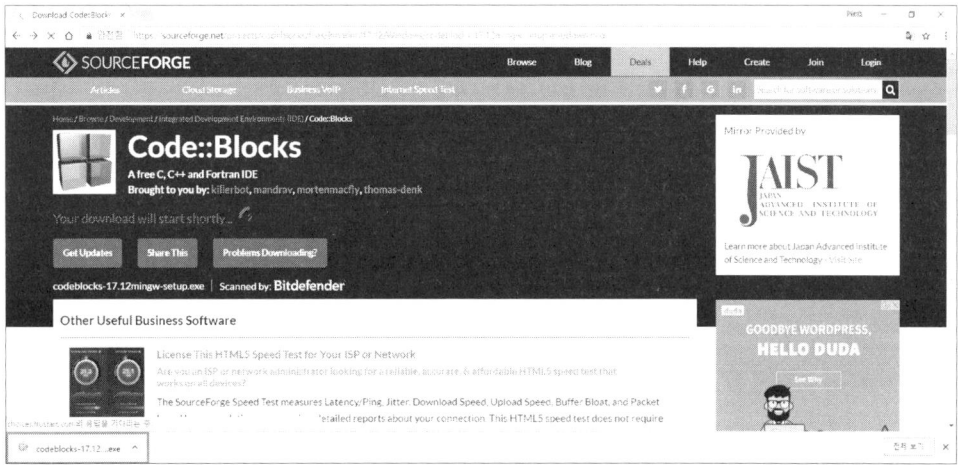

[그림 4] 코드블록 설치 파일 다운로드

다운로드가 완료되면 탐색기를 이용해서 파일이 저장된 위치로 이동해 보자. 그럼 아래 그림과 같이 파일이 다운로드되어 있는 것을 확인할 수 있을 거야.

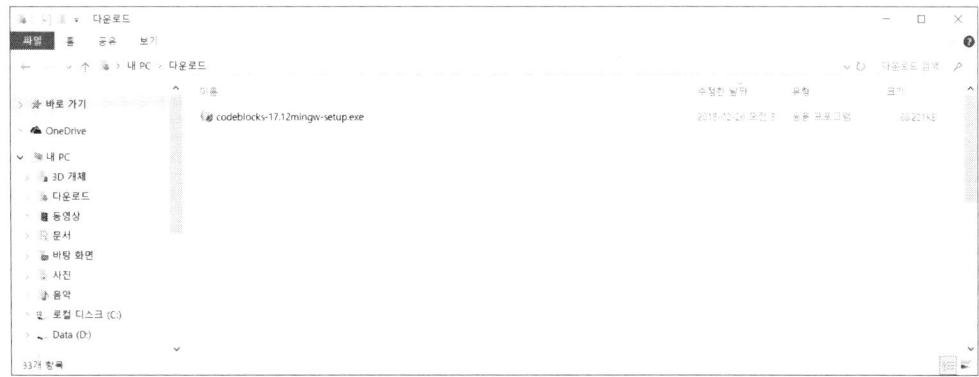

[그림 5] 탐색기에서 다운로드 파일 확인

파일을 제대로 다운로드했으니 설치를 시작해 보자.

1.2 코드블록(Code::Blocks) 설치

설치 방법은 다른 것처럼 쉽단다. 탐색기에서 다운로드받은 파일을 더블클릭(double-click)하면 되겠지. 더블클릭해서 실행을 시키면 [그림 6]과 같이 설치를 진행한다는 대화상자가 나타날 거야.

[그림 6] 코드블록 설치 환영 화면

[Next] 버튼을 눌러 다음 단계로 이동하자.

[그림 7]과 같이 설치 동의를 물어보는 창이 나타나는데, 이 프로그램을 사용할 때 주의할 점이 무엇이고, 누가 만들었는지 등에 대한 정보가 있어.

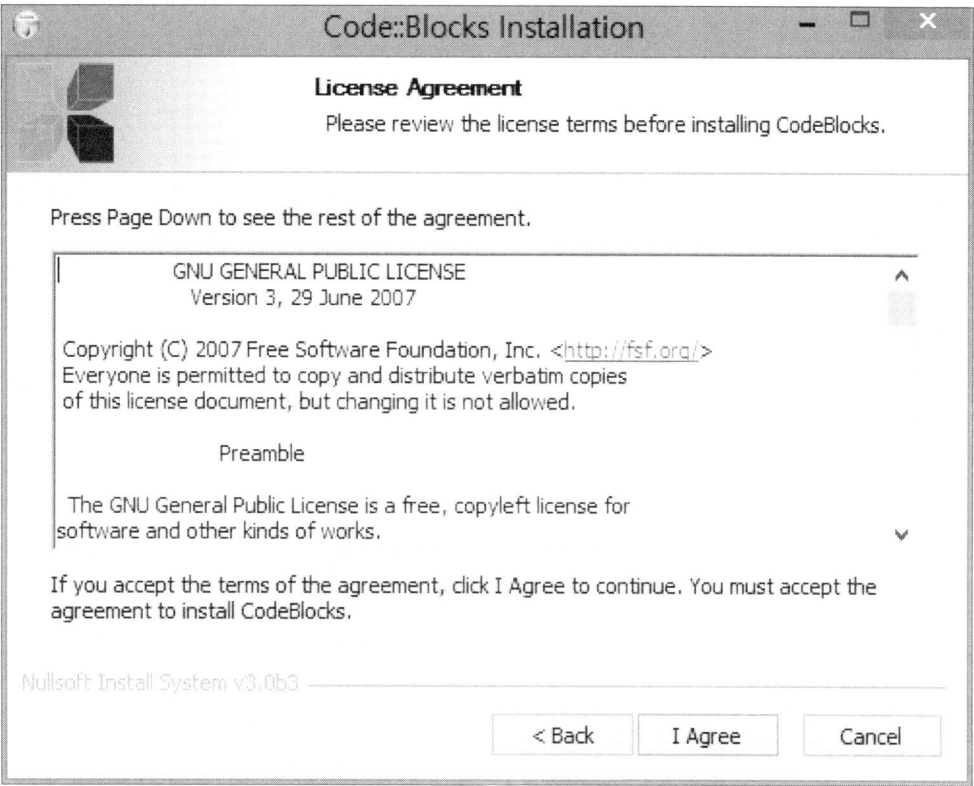

[그림 7] 설치 동의 창

[I Agree] 버튼을 눌러 동의하자.

[그림 8]과 같이 설치될 파일을 선택할 수 있는 창이 나타난단다.

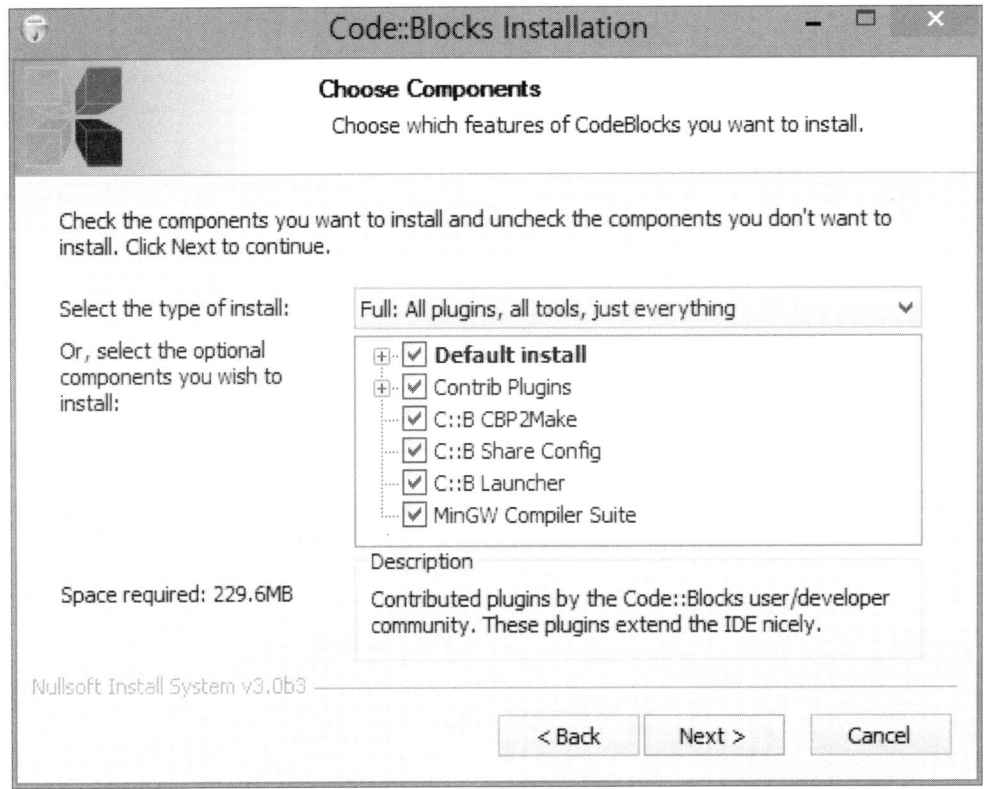

[그림 8] 설치 파일 선택

필요한 파일만 선택해서 설치할 수 있는데 여기서는 기본 값으로 설치를 진행할 거야. 모두 선택되어 있는 상황에서 [Next] 버튼을 누르면 돼.

[그림 9]와 같이 프로그램이 설치될 경로를 설정하는 창이 나타난다다

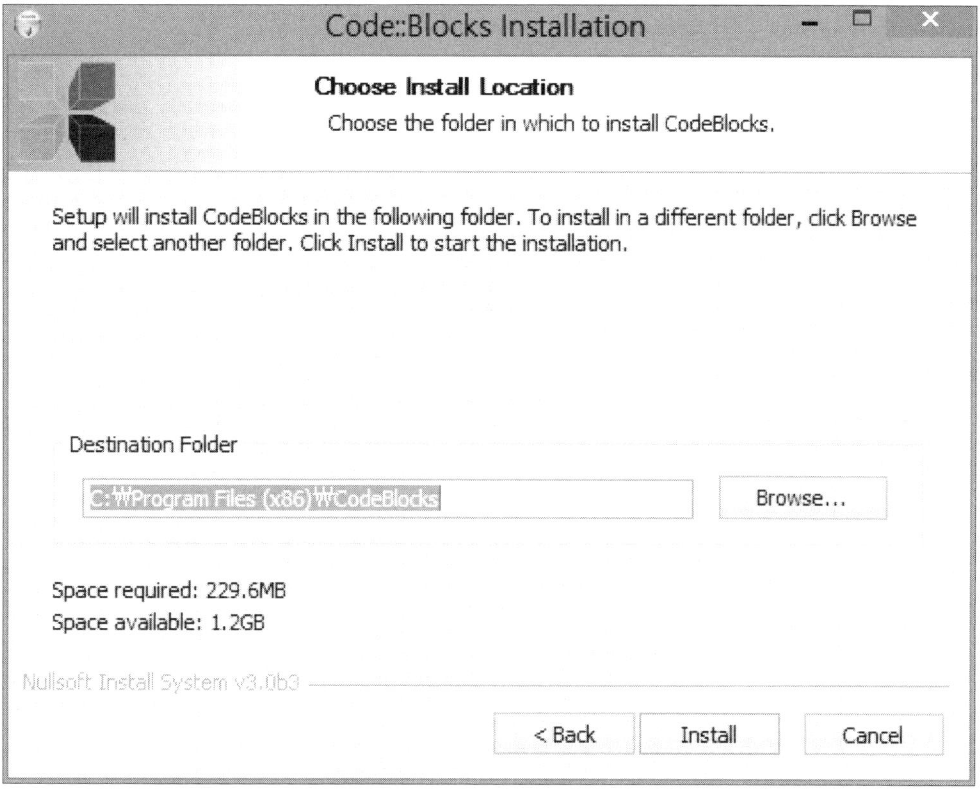

[그림 9] 프로그램 설치 경로의 선택

[Browse] 버튼을 눌러서 설치할 경로를 설정한 다음에 [Install] 버튼을 누르자.

[그림 10]과 같이 설치 진행 화면이 나올 거야.

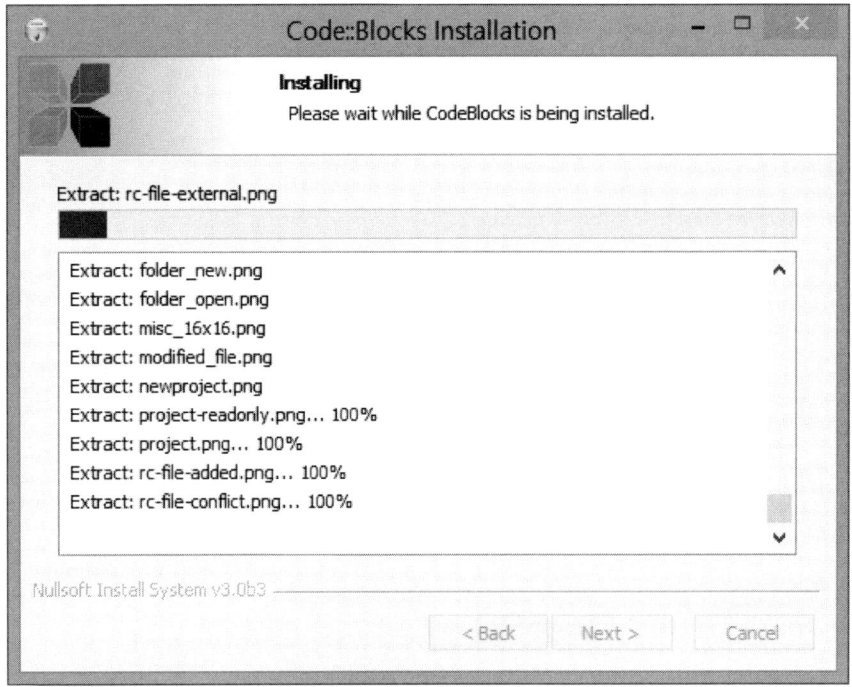

[그림 10] 코드블록의 설치 진행

설치가 완료되면 [그림 11]과 같이 코드블록을 실행할지 물어본단다. [예]를 눌러 다음으로 진행하자.

[그림 11] 설치된 코드블록의 설치

[예]를 누르면 [그림 12]와 같이 코드블록의 실행을 알리는 창이 나타난단다.

[그림 12] 코드블록 시작 화면

그 다음에 [그림 13]과 같이 환경을 설정하는 창이 나타날 거야.

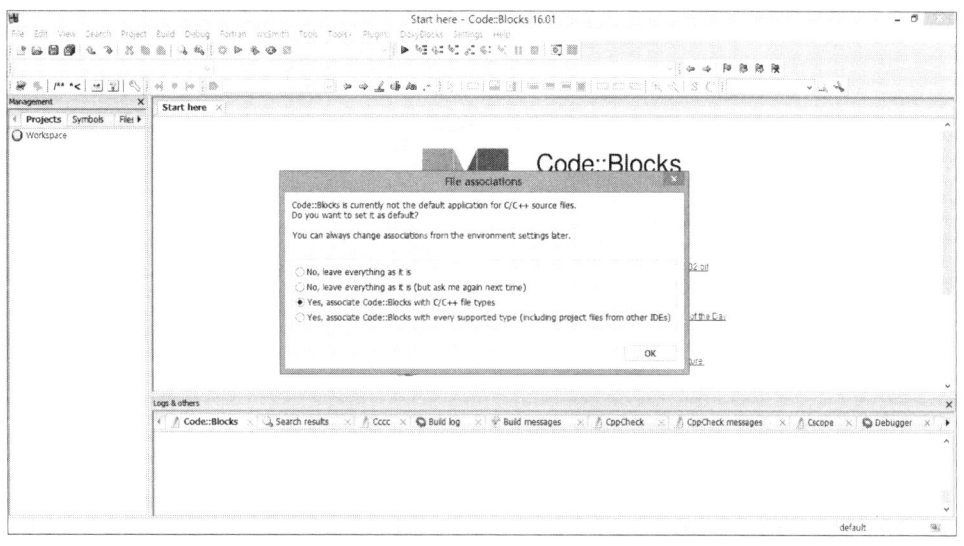

[그림 13] 코드블록 파일 환경 설정

코드블록에서는 C나 C++로 만든 파일을 탐색기에서 선택해서 바로 구동할 수 있단다. 그렇게 하려면 세 번째 항목인 "Yes, associate Code::Blocks with C/C++ file types"를 선택하면 된단다. 우리는 탐색기에서 바로 구동할 수 있게 할 것이므로 세 번째 항목을 체크하면 되겠지.

설정이 완료되면 [그림 14]와 같이 코드블록 프로그램이 나타난단다.

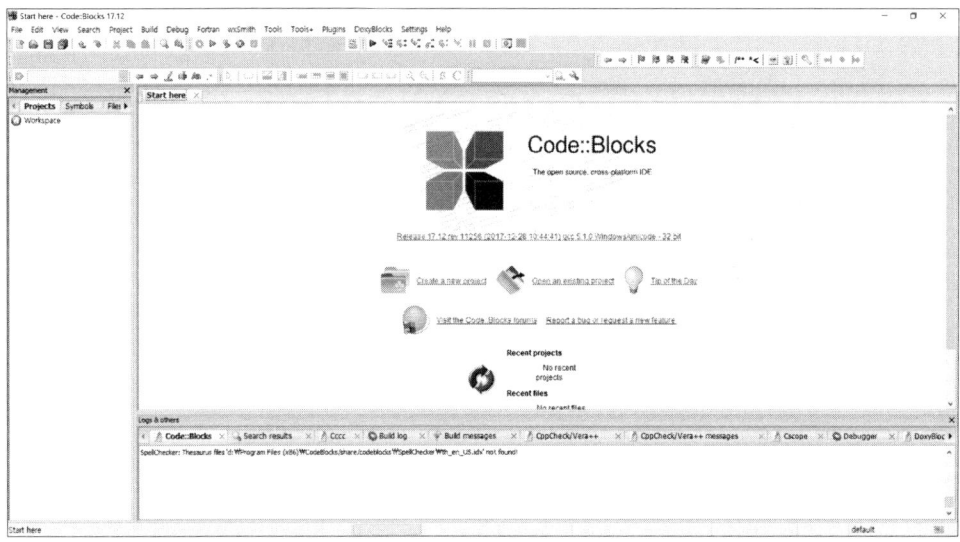

[그림 14] 코드블록 프로그램 설치 및 실행

1장을 마치며

이번 장에서는 프로그래밍에 사용할 코드블록의 설치 방법을 배웠어. 물론 이 책에서 사용한 프로그램을 이용해서 C 프로그래밍을 할 필요는 없고, 마이크로소프트에서 제공하는 Visual Studio나 Dev C++등을 사용해도 된단다. 본인에게 편한 것을 선택하면 되겠지. 물론, 이 책에서는 코드블록을 가지고 설명하니, 가급적이면 코드블록을 사용하면 더 좋을 거야.

2장 'Hello world!'라고 화면에 나타내보자

2.1 프로젝트의 생성

2.2 C 프로그램의 구조

2.3 프로그램 사라지지 않게 하기

2.4 프로그래밍 규칙

일을 처음 시작할 때는 막연한 기대감과 새로운 세상에 대한 호기심 때문에 마구마구 신나지? 하지만 그 일을 조금 하다 보면 '내가 왜 시작했을까?'라는 고민과 짜증이 확 밀려오는 경우도 많이 있지. 어느 순간 포기하고 싶을 때도 있고 말이야.

원래 거의 모든 일이 처음에는 기대로 시작했다가 어려움이 생기고, 그 어려움을 극복해 나가다 보면 어느 순간 익숙해지면서 그 이후로는 편안하게 진행할 수 있단다.

야구공을 처음 던졌을 때 무언가 어색하고 다른 친구들처럼 잘 던지고 싶은데 잘 안되어서 속상해했었지? 하지만 계속 연습하다 보니깐 이제 던지는 건 편안한데 좀 더 잘 던지고 싶어서 고민하는 단계가 되었지. 프로그래밍도 마찬가지 과정을 겪게 될 거야.

자, 이제 코드블록 프로그램도 설치했으니깐 무언가 해봐야겠지? 그래서 오늘은 서연이랑 승준이가 원하는 글자를 화면에 표시(출력)하는 방법을 배울 거야.

설명을 듣다 보면 익숙하지 않은 단어도 나오고, 전혀 모르는 컴퓨터 나라말도 나올 텐데 따라하면서 배울 때 정확하게 익히도록 하자.

2.1 프로젝트의 생성

코드블록 프로그램을 실행하면 [그림 1]과 같이 초기 실행 화면이 나와.

코드블록에서 프로그램을 작성할 텐데, 이 프로그램을 '프로젝트(project)'라는 단위로 관리한단다. 그래서 프로그램을 작성하려면 프로젝트를 먼저 만들어야 해.

새로운 프로젝트를 만드는 방법은 간단해. [그림 1]의 화면에서 [Create a new project](신규 프로젝트 생성)을 선택하거나 상단 메뉴에서 [File] > [New] > [Project]를 선택하면 된단다.

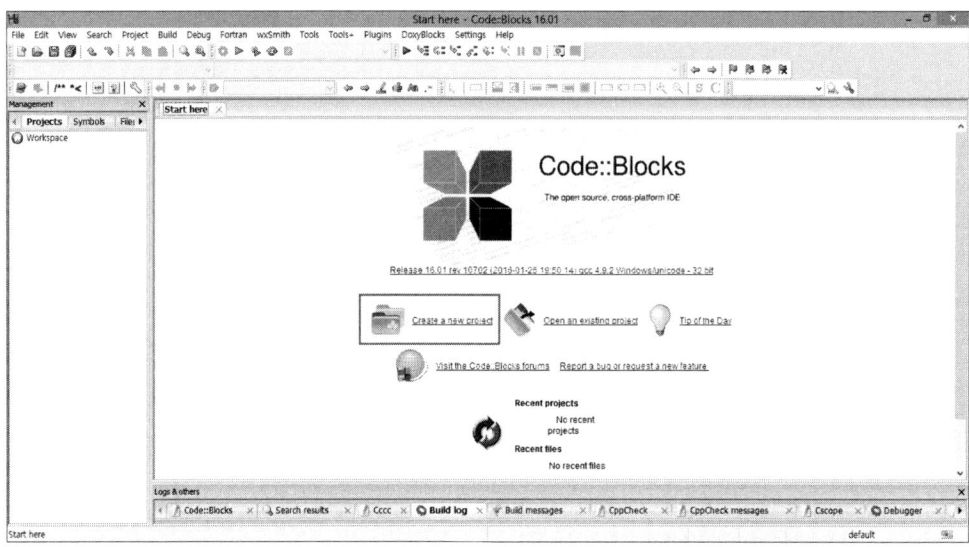

[그림 1] 코드블록 초기 실행 화면

그렇게 선택을 하면 [그림 2]와 같이 우리가 작성할 프로그램의 유형을 선택하는 창이 나타난단다.

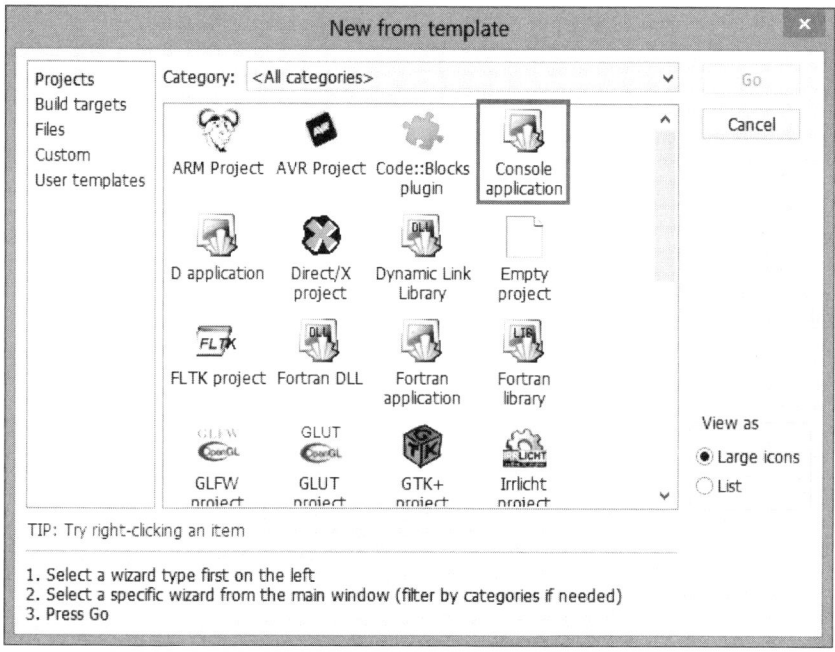

[그림 2] Console application(콘솔 응용프로그램) 선택

여러 가지의 유형이 있는데 우리는 Console application(콘솔 응용프로그램)을 선택할거야. 콘솔 응용프로그램은 도스 창에서 실행되는 프로그램을 의미해. 도스 창이 뭐냐고? 뒤에서 도스 창이 나오면 알려줄게. 지금은 그냥 넘어가고^^

Console application을 클릭하고 [Go] 버튼을 누를까.

그러면 [그림 3]과 같은 화면이 나오는데, 콘솔 응용 프로그램을 만드는 것을 도와주는 마법사(wizard)를 실행시키는 화면이란다.

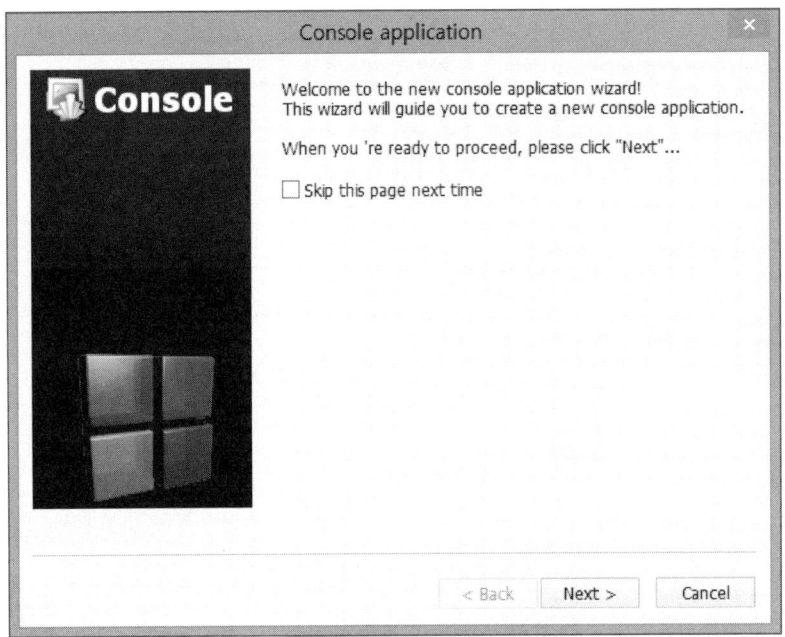

[그림 3] 콘솔 응용프로그램 마법사(Wizard) 실행

[Next] 버튼을 눌러 다음 단계로 이동할까.

그러면 [그림 4]와 같이 프로그래밍 언어를 선택하는 창이 나타날 거야.

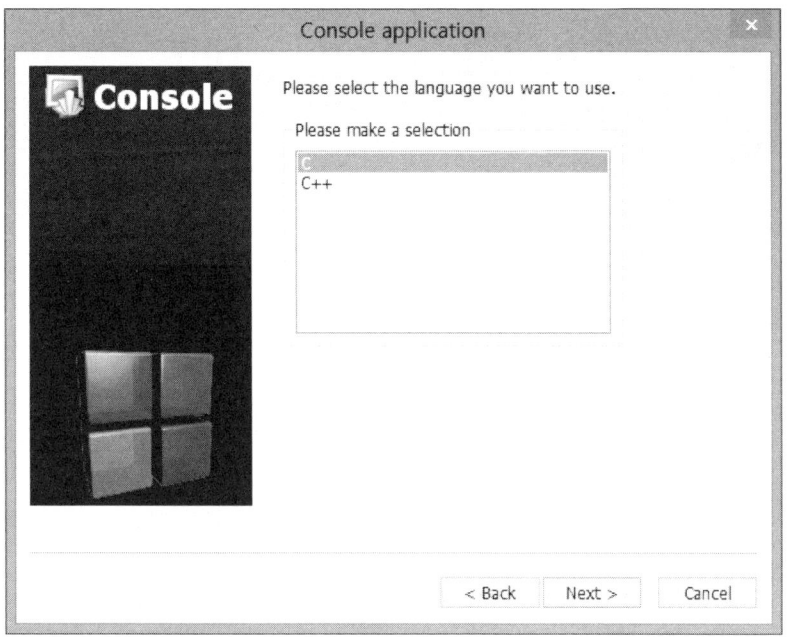

[그림 4] C 언어의 선택

우리는 프로그램을 C 언어로 작성할 예정이므로 'C'를 선택하고 [Next] 버튼을 눌러 다음으로 이동하자.

[그림 5]에서는 우리가 작성할 프로젝트의 이름과 프로젝트를 저장할 장소(디렉터리)를 지정할 거야.

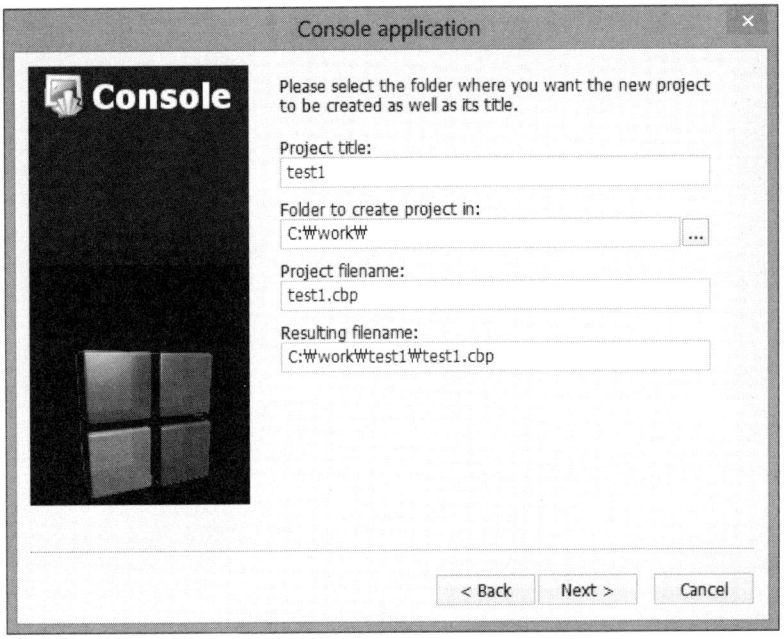

[그림 5] 프로젝트 제목과 디렉터리의 선택

프로젝트 제목을 'test1'이라고 하고, 프로젝트를 'C:\work' 폴더에 저장하기로 하자.

나중에 혼자 할 때 프로젝트 제목이나 저장할 디렉터리를 다르게 하고 싶으면 승준이나 서연이가 원하는 것으로 하면 된단다.

이외에 몇 가지 필드가 더 있는데, 아래 표에 정리해 두었으니 참고해.

필드명	설명
Project title(프로젝트 제목)	프로젝트 이름을 기입하는 곳이야.
Folder to create project in(프로젝트를 생성할 폴더)	프로그램을 작성할 폴더(디렉터리)를 지정하는 곳이야. 오른쪽에 있는 "..." 표시를 누르면 윈도우 탐색기가 나타나서 디렉터리를 지정할 수 있단다.
Project filename(프로젝트 파일명)	생성될 프로젝트의 파일명이 들어가. 프로젝트 제목을 입력하면 자동으로 만들어진단다. 파일명의 확장자는 .cbp야.
Resulting filename(결과 파일명)	프로젝트의 결과 값들을 저장하는 파일명이야. 역시 자동으로 만들어지고, 확장자도 .cbp란다.

[표 1] Console application의 필드

프로젝트 제목과 프로젝트를 생성할 폴더를 모두 다 입력했으면 [Next] 버튼을 눌러 다음 단계로 이동하자.

우리가 작성한 프로그램 파일이 컴파일이라는 과정을 거쳐 실행 가능한 파일로 만들어지는데, [그림 6]은 그 경로를 지정하는 창이야. 마법사에서 기본으로 설정한 값을 그대로 두면 되니, [Finish] 버튼을 클릭하자.

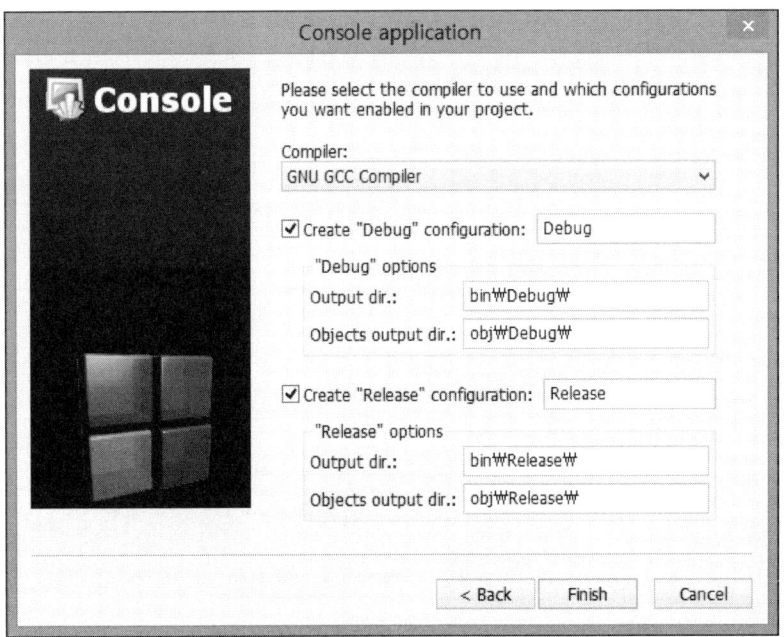

[그림 6] 컴파일러 종류 선택 및 기타 환경 설정

> 아빠~

컴파일이 뭐에요?

프로그래밍 언어로 작성한 프로그램 코드를 실행시키는 방식은 크게 두 가지로 분류된단다. 하나는 컴파일(Compile) 방식이고 다른 하나는 인터프리터(Interpreter) 방식이야.

컴파일 방식은 C 언어나 C++ 언어 등에서 사용하는 방식으로, 컴파일러(Compiler)라는 것을 이용하여 프로그램 코드를 실행 파일로 만들어 주는 것이야. 실행 파일은 컴퓨터에서 실행 가능한 파일로써 일반적으로 윈도우에서는 파일명.exe 파일로 만들어진단다.

인터프리터 방식은 자바나 베이직 같은 언어에서 사용하는 방식으로 실행 전까지는 프로그램 코드 상태로 있다가 인터프리터(해석기)가 실행될 때 프로그램 코드를 명령어 단위로 해석하면서 실행되는 방식이야.

컴파일 방식은 실행 파일을 다른 컴퓨터에서 실행해도 실행에 필요한 모든 내용이 이미 들어 있기 때문에 실행이 가능하지만, 인터프리터 방식은 해당 컴퓨터에 인터프리터가 설치되어 있어야 하는 단점이 있어.

인터프리터 방식은 코드 상태로 실행되기 때문에 해당 컴퓨터의 OS(운영체제: 윈도우, 맥, 리눅스 등)에 상관 없이 인터프리터만 설치되어 있으면 실행이 가능하지만, 컴파일 방식의 경우 운영체제가 변경되면 실행이 불가능하므로 해당 OS에 맞추어 컴파일을 다시 해야 하는 단점이 있단다. 한 가지 더, 컴파일된 프로그램은 인터프리터를 거치지 않기 때문에 실행될 때 속도가 빠른 장점이 있겠지.

이렇게 하면 모든 설정이 끝나는데, [그림 7]과 같이 아무것도 없는 창이 나타난단다.

[그림 7] test1 프로젝트의 완성

좌측을 보면 test1이라는 프로젝트가 생성된 것이 확인되고 그 밑에 Source라는 폴더가 나타나지. 옆에 있는 + 기호를 눌러볼까.

[그림 8]과 같이 main.c라는 파일이 자동으로 선택되면서 오른쪽 창에 이상한 문자들이 나타난단다. 이 '이상한 문자들'이 앞에서 몇 번 이야기한 '프로그램 코드'란다. 영어랑 비슷하지!

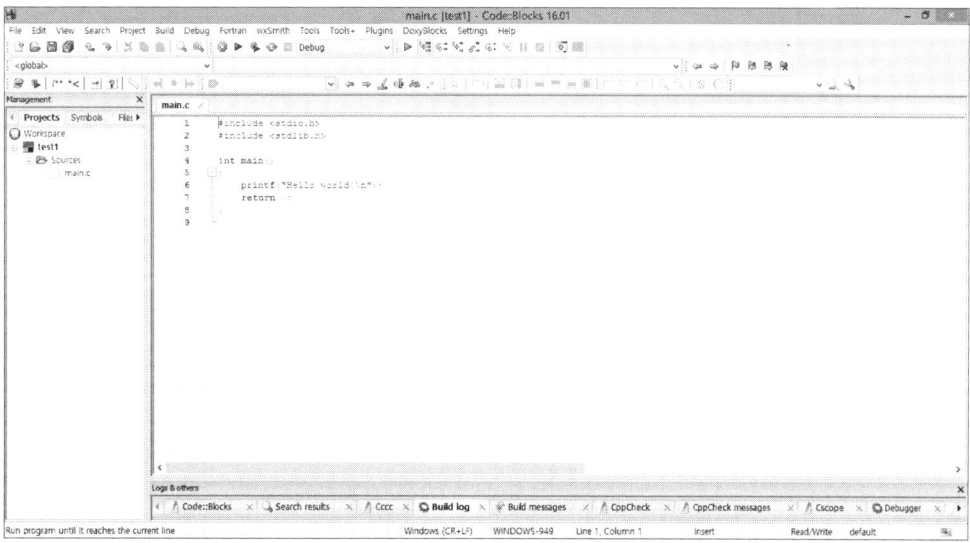

[그림 8] main.c 파일의 생성

앞에서 마법사를 이용해서 test1이라는 프로젝트를 만들었지. 그 과정에서 마법사는 main.c라는 파일을 자동으로 만들었어. 그리고 추가적으로 간단한 코드도 생성했어.

이 코드를 실행시켜 볼까?

상단 메뉴에서 [Build]를 선택해. 그러면 [그림 9]와 같은 메뉴가 나타난단다.

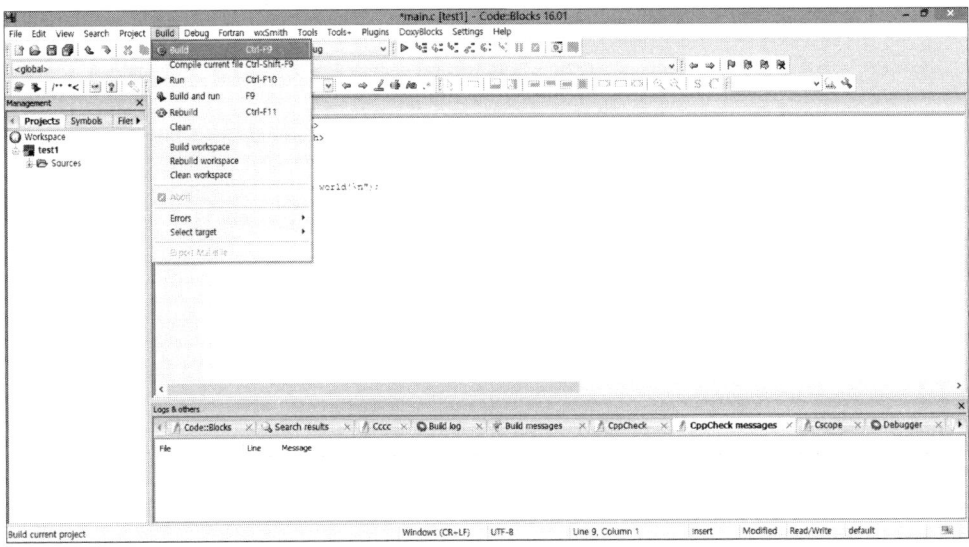

[그림 9] 프로그램의 빌드(Build)

사람이 이해할 수 있는 컴퓨터 나라말로 프로그램을 작성한 후 기계인 컴퓨터가 이해할 수 있는 기계어로 변환하는 컴파일(Compile)이라는 과정이 필요하다는 이야기를 앞에서 했는데 기억하고 있지? 위에 나온 빌드(Build)가 바로 프로그램을 컴파일하는 과정과 관련된 개념인데, 이와 관련해서 몇 가지 옵션이 있단다. 아래 표를 볼까?

옵션	설명
Build	컴파일만 수행한단다. Control 키를 누른 상태에서 F9 키를 눌러도 돼.
Run	컴파일이 완료된 후 프로그램을 실행까지 한단다. 컴파일이 되어 있지 않으면 컴파일을 먼저 하겠다는 메시지가 나와. Control 키를 누른 상태에서 F10 키를 누르면 돼.
Build and Run	Build와 Run 과정을 동시에 수행해. F9 키를 누르면 된단다.

[표 2] 빌드(Build) 옵션

우리는 아직 컴파일을 하지 않은 상태이므로 [Build] > [Build and Run]을 선택하거나 F9 키를 누르자. 그러면 [그림 10]과 같은 물음 창이 나온단다.

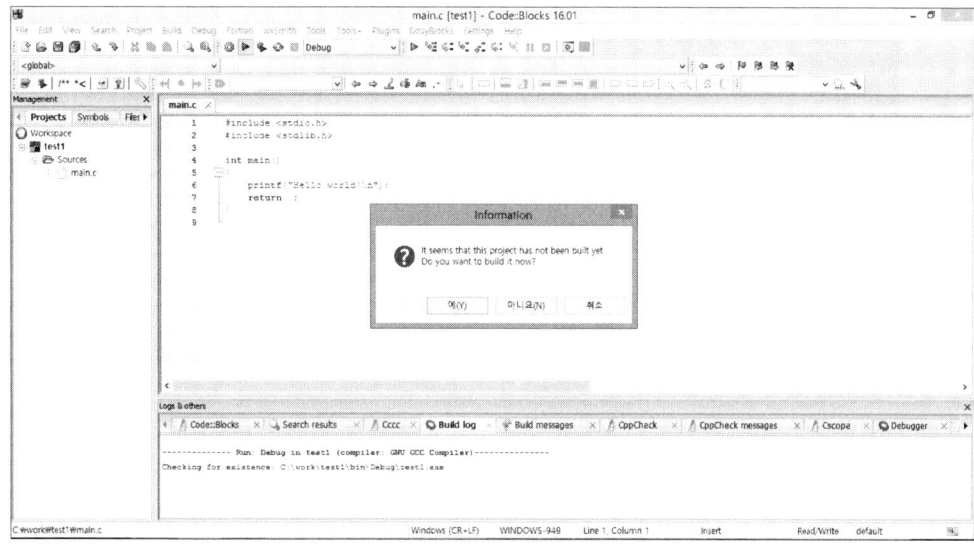

[그림 10] 컴파일(Build)을 하겠냐고 물어보는 창

빌드가 되어야 실행이 가능하므로 [예]를 선택해야겠지.

그러면 [그림 11]과 같이 실행된 결과가 나타난단다. (앞에서 도스 창을 언급했었는데 아래 그림에서 검정색으로 된 화면이 도스 창이란다.)

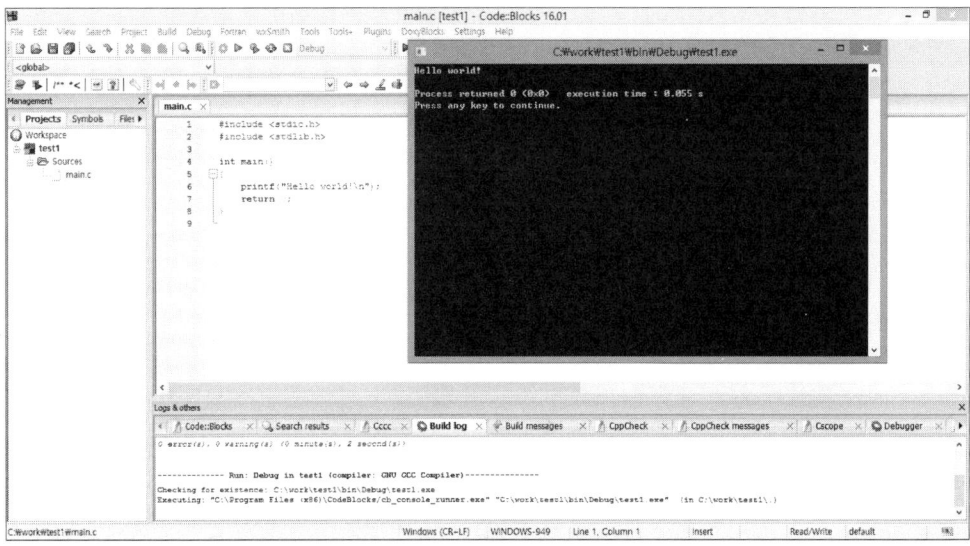

[그림 11] 프로젝트 마법사(Wizard)가 생성한 기본 프로그램의 실행

[그림 11]은 우리가 만든 test1 프로젝트에서 마법사(Wizard)가 기본적으로 만든 프로그램이 실행된 것이야.

클릭 몇 번만 했을 뿐인데 화면에 Hello word!라는 문자를 찍는 콘솔 응용프로그램이 만들어졌지. 태어나서 처음으로 프로그램을 성공적으로 만들었네. 축하해~ "시작이 반"이라고 했으니 이제 반만 더 하면 되겠네^^

다음 절에서는 이 프로그램이 어떤 구조로 되어 있는지 알아보도록 하자.

> 아빠~

컴파일하고 나면 실행 파일이 어디에 만들어지나요?

프로그램이 컴파일이라는 과정을 성공적으로 마치면 컴퓨터에서 독립적으로 실행 가능한 실행 파일(EXE 파일)이 만들어진단다. 앞의 [그림 5]에서 우리는 test1이라는 프로젝트를 'c:\work'라는 곳에 저장했지? 탐색기를 이용하여 'c:\work'로 이동하면 프로젝트명과 같은 'work'라는 폴더가 만들어져 있고 그 아래에 \bin\debug 폴더가 만들어져 있는 것을 확인할 수 있단다. 이 폴더로 이동하면 '프로젝트 제목.exe' 파일(여기서는 test1.exe)이 생성되어 있는 것을 확인할 수 있지.

이 파일을 더블클릭하면 도스 창이 나타났다가 바로 사라지는 것을 확인할 수 있는데, 이는 프로그램이 Hello world!라고 출력한 후 바로 종료되기 때문이야.

실행 후 도스 창이 바로 닫히지 않도록 하는 방법이 있는데, 뒤에서 설명하마.

2.2 C 프로그램의 구조

이번 절에서는 마법사가 작성한 기본 프로그램을 가지고 C 프로그램을 작성하는 데 기본적으로 무엇이 필요한지를 알아볼 거야. 그리고 C 프로그램이 어떤 구조로 되어 있는지도 살펴볼게.

전체 프로그램 코드는 [코드 1]과 같이 구성되어 있어.

[코드 1] main.c 코드

```
#include <stdio.h>
#include <stdlib.h>

int main()
{
    printf("Hello world!\n");
    return 0;
}
```

자 그럼 [코드 1]을 하나씩 나눠서 알아 볼까? 먼저 다음 두 줄을 보자.

```
#include <stdio.h>
#include <stdlib.h>
```

이 줄을 이해하려면 세 부분을 이해해야 한단다. '한 줄짜리 내용을 이해하는 데 세 가지나 알아야 한다고요'라고 묻고 싶은 표정이구나. 네 가지가 아니고 세 가지만 알면 된단다. 처음에는 원래 어려운 거야^^;; 하나씩 보자.

- **#**: #(샵)은 전처리기(Preprocessor) 명령어를 의미해. 풀어 쓰면 '전(前; 앞 전) + 처리기(어떤 일을 처리하는 기계)'가 되겠지. 자 그럼 '전'이라는 의미는 무엇일까? C 언어는 컴퓨터가 알아들을 수 있는 말이 아니라고 했지? 그래서 컴퓨터가 알아들을 수 있는 말로 만들어 주려면 컴파일(Compile)이라는 과정이 필요하다고 했고. 컴파일러가 컴파일을 진행하는데 컴파일러라는 녀석이 동작하기 전에 앞(前 앞 전)에서 먼저 무언가를 처리하는 녀석이 바로 전처리기인 것이지. '무언가'가 무엇인지는 뒤의 내용을 보면 이해할 수 있을 거야.

- **include**: include라는 단어를 사전에서 찾아보면 '포함하다'라는 뜻이 있지? 자 그럼 무엇을 포함하라는 것일까? 그건 그 다음을 보면 알 수 있단다.

- **〈stdio.h〉**: 이것은 다시 두 부분으로 나뉜단다. 〈와 〉 부분과 stdio.h 부분이야. stdio.h를 풀어 쓰면 'standard(표준) input(입력) output(출력).header(머리말)'가 돼. 해석하면 '표준 입력과 출력의 머리말'이라는 뜻이지. 〈와 〉는 '프로그램이 설정(지정)한 부분에 있다'라는 의미인데, 이것에 대해서는 잠시 후에 자세히 설명해 줄게.

위에서 쪼개서 자세히 살펴본 한 줄(앞으로는 '라인'이라고 부르자)을 한국말로 고쳐 쓰면 이렇게 되겠네?

```
#include <stdio.h>
```

- 전처리기야(#), 포함시켜줘(include), 프로그램에서 설정한 부분에 있는(< >) 표준이 되는 입력과 출력의 머리말을(stdio.h)
- 한글 순서에 맞게 고쳐 쓰면 다음과 같이 되겠지. "전처리기에게 명령한다. 표준이 되는 입력과 출력의 머리말을 포함해라."

여기서 '표준 입력과 출력의 머리말'이 무슨 뜻일까? 조금 어렵지. 이 말을 이해하려면 함수(function)라는 용어에 대해 이야기해야 할 것 같아.

우리 집에 과일이나 야채를 갈아주는 믹서기가 있지? 사과 주스를 먹고 싶으면 사과, 설탕 시럽, 물을 넣고 함께 갈면 되지. 그런데 오늘은 갑자기 딸기 주스가 먹고 싶은 거야. 그러면 어떻게 하면 될까? 딸기, 설탕 시럽, 물을 믹서기에 넣고 갈아주면 딸기 주스가 되겠지?

이때 주스를 만드는 기계가 바뀌니? 아니지. 믹서기 안에 들어가는 재료(input; 인풋; 입력)가 바뀐 거고 그에 따라 나오는 결과물(output; 아웃풋; 출력)이 사과 주스와 딸기 주스로 달라진 거지. 믹서기는 입력된 재료들을 잘 갈아서 섞어주는 일만 하는 거고.

이와 같이 함수는 입력 값(과일, 설탕 시럽, 물)을 받아서 특정한 작업(갈기, 섞기)을 하고 결과 값(주스)을 만드는 하나의 장치라고 할 수 있어. 믹서기에 해당하는 거지. 입력 값에 따라 결과 값이 달라지겠지만 처리하는 과정은 항상 믹서기라는 기계에서 이루어지는 거지.

다른 예를 들어 설명을 해 볼까? 우리가 모니터에 글자를 찍기 위해 키보드를 사용하지? 또 이런 저런 동작을 하기 위해 마우스도 사용하지? 이런 것들이 바로 입력이야.

서연이랑 승준이가 프로그래밍을 할 때 입력을 받으려면 키보드나 마우스가 움직이는 걸 처리해야 하고, 이걸 모니터에 표현해야 하는데, 이 모든 일을 그때그때 일일이 해야 한다면 너무 힘들지 않을까? 똑같은 일을 매번 해야 하니까 말이야.

그래서 많이 사용하는 부분, 즉 표준 입력과 표준 출력에 해당하는 기능을 함수로 미리 만들어둔 거야. 그리고 그것을 사용해야 할 때 함수의 머리말을 프로그램에 포함시키라고 전처리기에게 명령하면 전처리기가 그 함수를 복사해서 너희가 만들 프로그램에 복사해서 붙여넣는 거야. 컴파일러에는 개발자들이 많이 사용하는 기능이 미리 함수로 만들어져 있어. 미리 만들어 놓은 기능을 사용하면 해야 할 일이 훨씬 줄어들게 되는 거야. 어렵지 않지!

다시 정리해 볼까?

> #include <stdio.h>

- 미리 만들어 놓은 표준 입력과 표준 출력 장치 처리 함수들을 가져다가 내 프로그램에 포함시켜라.

> #include <stdlib.h>

- 미리 만들어 놓은 표준 라이브러리 함수를 가져다가 내 프로그램에 포함시켜라.
- 표준 라이브러리(standard library)는 일반적으로 많이 사용하는 기능을 포함하고 있어. 라이브러리가 도서관이라는 뜻인 거는 알고 있지? 도서관에 가면 많은 책들이 있듯이 일반적인 기능을 모아 놓은 것이 표준 라이브러리야.

이 두 가지 include 문은 항상 앞에 나와야 하는 명령어이니까 암기해 놓는 것이 좋을 거야.

한 줄 배우는 데 뭐 이리 복잡한 말이 많지? 근데, 오늘 배우는 것을 모두 이해하면 프로그래밍의 50%는 배웠다고 할 수 있어. 시작이 반이니깐 ^^;; 화이팅!

앞에서 함수에 대해 이야기했는데 좀더 자세히 살펴볼 필요가 있어. 다음 라인을 볼까?

> int main()

이 함수의 이름이 뭘까? int 함수? main 함수? 잘 모르겠지.

위의 함수가 다음과 같은 형태로 되어 있다고 정리할 수 있어.

> [함수 결과 값의 형식] [함수 이름] (입력 값 1, …, 입력 값 n)

이제 함수 이름이 뭔지 알겠지? main 함수야. (한 가지, 함수 이름은 중복될 수 없어. 왜냐하면 어떤 함수를 처리해야 할지 컴퓨터가 혼동하니까.)

(와) 안에는 입력 값이 들어가는데 아무것도 없으니 입력 값은 없는 거겠지.

최고 앞에 있는 int는 '함수 결과 값의 형식'이라고 했는데, int에 대해서는 잠시 후에 더 자세히 설명할게.

main() 함수는 승준이가 만드는 프로그램의 시작점이야. 즉, 프로그램을 동작시키면 여기부터 시작한다고 보면 돼.

하나의 프로그램에 여러 개의 함수를 만들 수 있어. 함수를 만들면 좋은 이유를 앞에서 간단히 이야기했었지.

주스를 만들 때마다 믹서기를 새로 사야 한다면 우리 집 주방에는 딸기 주스용 믹서기, 오렌지 주스용 믹서기, … 등등 여러 개의 믹서기가 필요하겠지? 엄마가 아주 힘들겠지^^ 근데 실제로는 믹서기가 한대만 있으면 되지! 사용하고 나서 닦아 놓으면 다른 주스를 만들 때 같은 믹서기를 쓰면 되니깐.

마찬가지로 자주 쓰는 기능(믹서기)을 함수로 만들어 놓고 필요할 때마다 사용하면 되기 때문에 앞으로 프로그램을 만들면서 함수를 많이 만들어서 사용하게 된단다.

그런데 믹서기에 재료를 넣은 후 뚜껑을 닫지 않고 버튼을 누르면 어떻게 될까? 아마 믹서기 칼날에 의해 잘려진 과일들이 사방 팔방으로 날아가게 되겠지? 궁금하다고 실제 해보지는 말자. 세상에서 아빠는 엄마가 제일 무서우니깐^^;;

main() 함수에도 뚜껑을 열고 닫는 역할을 하는 것이 있단다. { 는 함수의 시작을 알리는, 즉 뚜껑을 여는 것이고 } 는 함수의 마지막을 알리는, 즉 뚜껑을 닫는 역할을 한단다.

다음과 같이 정리할 수 있어.

```
[함수 결과 값의 형식] [함수 이름] (입력 값 1, …, 입력 값 n)
{              // 믹서기의 뚜껑을 열자: 함수의 시작을 알림
    함수에서 할 내용 // 과일들이 들어오면 열심히 자르고 갈아서 주스를 만들자
}              // 믹서기의 뚜껑을 닫자: 함수의 끝을 알림
```

아직은 흥미진진하지!

그 다음으로 int에 대해 알아볼까?

int는 integer의 줄임말로, 정수 값을 의미해. 정수는 + 값을 갖는 양의 정수와 0 그리고 - 값을 갖는 음의 정수로 이루어지지. 양의 정수는 1, 2, 3 같은 숫자를, 음의 정수는 -1, -2, -3 같은 숫자를 말하지.

그래서 int는 '함수에서 처리해서 나온 결과 값은 정수입니다'라는 의미야.

근데, 믹서기에 과일을 넣으면 과일 주스가 나오는데 main() 함수는 '정수입니다'라고만 하지, 어떤 결과 값을 주는 게 아니네? 이와 관련된 자세한 내용은 14장에서 알아보는 것으로 하고, 일단은 이 정도만 알고 넘어가자.

이제 함수(믹서기) 안으로 들어가 보자. 아래 라인을 살펴볼까?

```
printf("Hello world!\n");
```

printf()는 미리 만들어져 있는 함수로, 기능은 화면에 출력하는 것이야. 앞으로 화면에 어떤 결과를 표시하고 싶으면 이 함수를 자주 사용하게 될 거야.

printf() 함수는 () 안에 있는 내용을 입력 값으로 받아 화면에 출력하는데 우리가 출력할 내용은 "과 " 사이에 있는 것이야. 즉, Hello world!\n이라는 문자열을 출력하는 거지.

여러 글자가 모여 있는 것을 문자열(string)이라고 하는데, 중간에 빈칸(space)이 많은 경우 어디부터 어디까지가 문자열인지 확인할 수 없으니깐 문자열의 처음에 여는 큰따옴표를, 문자열의 끝에 닫는 큰따옴표를 넣어서 구분한단다.

그럼, \n은 뭐냐고? 이건 '새로운 줄(new line; 뉴라인)을 표시하라'는 약속이야. 그러니깐 Hello world!라는 문자열을 화면에 표시한 후에 새로운 라인으로 이동하라는 거지.

자, 그 다음에 ;(semicolon; 세미콜론)이 붙어 있네? 이건, 하나의 명령이 끝났다는 표시야. 하나의 명령이 끝날 때마다 세미콜론을 붙여서 컴퓨터가 다음 명령을 실행할 수 있게 해주는 거지. 원칙적으로는 세미콜론 다음에 다른 명령어나 함수를 넣을 수 있는데 그렇게 하면 보기가 힘드니까 다음 명령어를 다음 라인에 쓰는 게 일반적이야.

그 다음 라인을 볼까?

```
return 0;
```

return(리턴)은 다음에 오는 값을 결과 값으로 돌려주는 거야. 앞에서 main 함수를 만들 때 결과 값 형식을 정수형인 int라고 지정한 거 기억하지? 그래서 여기서는 0이라는 정수 값을 돌려주는 거야.

2.3 프로그램 사라지지 않게 하기

탐색기에서 test1.exe 파일을 실행하면 도스 창이 나타났다가 바로 없어지는 것을 경험했을 거야. 화면이 없어지는 것을 막기 위해서 프로그램을 [코드 2]와 같이 수정해 보자.

[코드 2] 수정된 main.c 코드

```
#include <stdio.h>
#include <stdlib.h>

int main()
{
    printf("Hello world!\n");
    system("pause");
    return 0;
}
```

추가된 행은 다음과 같아.

```
system("pause");
```

system("pause") 명령어는 잠시 멈추게 하는 기능을 수행해. 즉, 화면에 Hello world!\n을 출력한 후에 잠시 멈추는 거야. 그리고 키보드에서 어떤 입력이 들어오면 멈춤을 해제하고 return 0;를 수행한단다.

확인해 볼까? Control+F9 키를 누르거나 메뉴의 [Build] 〉 [Build]를 선택해서 컴파일을 한 후, 탐색기에서 test1.exe 파일을 실행하면 아까와 같이 창이 나타났다가 사라지지 않고 실행된 상태에서 멈추어 있으므로 실행 결과를 제대로 볼 수 있단다. 끝내고 싶으면 키보드에서 아무 키나 누르면 되겠지.

2.4 프로그래밍 규칙

프로그램을 작성할 때 지켜야 할 몇 가지 규칙을 정하려고 해. 꼭 이렇게 할 필요는 없지만 프로그램을 보기 좋게 짜고 나중에 문제가 있을 때 쉽게 확인하기 위해서는 이번 절에서 정한 규칙을 지키는 것이 좋단다.

1) 하나의 명령어는 한 라인에 작성하기

컴퓨터는 하나의 명령을 구분하는 구분자로 세미콜론(;)을 사용하잖아? 그런 관점에서 다음의 두 코드를 볼까?

```
printf("Hello world!\n");
system("pause");
return 0;
```

```
printf("Hello world!\n"); system("pause"); return 0;
```

첫 번째 코드는 하나의 명령어를 한 라인에 작성한 것이고, 두 번째 코드는 세 개의 명령어를 한 라인에 쓴 경우야. 두 코드는 같은 기능을 수행해. 그런데 두 번째 방식은 보기가 좀 불편하지 않니?

따라서 우리는 첫 번째 방식과 같이 하나의 명령어는 한 라인에 작성한다는 규칙을 정할 거야.

2) 들여쓰기 규칙 지키기

들여쓰기(indentation; 인덴테이션)란 프로그램을 조금 더 깔끔하게 볼 수 있도록 작성하는 방식이야.

다음 두 개의 코드를 비교해 보자.

```
int main()
{
    printf("Hello world!\n");
    system("pause");
    return 0;
}
```

```
int main()
{
printf("Hello world!\n");
system("pause");
return 0;
}
```

함수의 시작과 끝을 알리기 위해서 { 와 }를 쌍으로 사용한다고 했지? 위의 예에서 두 번째 코드를 보면 main() 함수의 시작과 끝을 알 수는 있지만 첫 번째 코드보다는 보기가 좀 힘들지?

따라서 우리는 함수 안의 내용을 들여쓰기로 하자고. (일반적으로 스페이스 4 칸이나 탭(tab)을 이용하면 된단다.)

3) 주석(Comment) 넣기

프로그램을 작성하면서 라인이나 함수 같은 것에 설명을 붙일 수 있어. 설명을 붙여 놓으면 승준이가 작성한 프로그램을 나중에 다른 사람이 보더라도 내용을 이해하기 편하겠지? 이렇게 붙이는 설명을 주석(Comment; 코멘트)이라고 해.

다음과 같이 작성할 수 있어.

```
printf("Hello world!\n");    // 화면에 출력을 한다
/* 화면에 출력을 한다 */
/*
주석 1
주석 2
*/
```

주석을 달 때 한 라인에만 넣고 싶으면 슬래쉬(/; slash)를 두 개 붙여서 //와 같이 하면 된단다. 컴파일러는 // 뒤에 나오는 문장을 주석이라고 생각하고 컴파일에서 제외한단다.

다른 방법도 있어. /*과 */ 쌍 안에 설명을 넣을 수 있어. 이때 /*과 */ 쌍은 여러 라인에 걸쳐서 작성할 수 있고, 컴파일러는 /*과 */ 쌍 안에 있는 모든 내용을 주석으로 간주하고 컴파일을 할 때 프로그램 코드로 인식하지 않고 빼버린단다.

이렇게 들여쓰기를 하거나, 한 라인에 하나의 명령어만 쓰거나, 주석을 다는 이유는 나중에 프로그램에 오류가 있거나 다른 사람이 프로그램을 볼 때 알아보기 쉽게 하기 위해서야.

이상 세 가지 규칙을 잘 지키면서 프로그래밍하는 습관을 들이도록 하자.

2장을 마치며

이번 장에서는 코드블록을 이용하여 새로운 프로젝트를 만들었어. 그리고 프로젝트 마법사가 만든 기본 코드를 보면서 프로그램의 기본 구조를 이해했어. 또한 컴파일하고 실행한 후 결과 값이 어떻게 나오는지 확인했어.

이 장에서 배운 전처리기(#)와 함수에 대한 개념은 프로그램에 있어서 가장 중요한 부분이니 꼭 기억하기 바란다.

다음 장부터는 프로그래밍에 대해 본격적으로 알아보도록 하자.

3장 변수란 무엇인가?

3.1 변수와 변수 크기

3.2 변수 이름 규칙

3.3 대입 연산자

3.4 변수 초기화

이번 장에서는 승준이랑 서연이가 가지고 있는 서랍을 가지고 이야기를 하려고 해.

엄마는 항상 "첫 번째 서랍에는 가위나 풀 같은 문구류를 넣어 두고, 두 번째 서랍에는 장난감을 넣어 둬"라고 이야기를 하시지? 왜 항상 그런 말씀을 하실까?

승준이나 서연이가 서랍에 물건을 넣어 놓는데 오늘은 첫 번째 서랍에 연필을 넣었다가 다른 날에는 두 번째 서랍에 넣으면 어떨까? 연필을 찾으려면 모든 서랍을 다 열어 보는 일이 발생할 거야(뭐, 우리 집에서 매일 일어나는 일이지만…).

그래서 '어떤 물건은 어떤 서랍에 넣는다'는 식의 약속을 해 놓으면 설사 승준이가 잠시 외출한 사이에 서연이가 물건을 찾으려고 해도 어디 있는지 쉽게 알 수 있고(또는 서연이가 오빠한테 전화로 물어보면 오빠는 쉽게 몇 번째 서랍에 있는지 알려 줄 수 있지) 사용 후에 그 자리에 두면 오빠도 나중에 찾는 데 문제가 없겠지?

만약 서연이가 물건을 사용하고 다른 위치에 놓는다면? 아마 오빠는 물건이 없어졌다고 난리가 날 거야.

자, 그리고 두 번째 서랍에 넣는 장난감이 점점 늘어나서 다 보관을 못하면 어떻게 하지? 여러 가지 방법이 있겠지? 또 다른 상자를 만들어서 장난감을 넣거나, 처음부터 늘어날 장난감의 개수를 생각해서 아예 큰 서랍을 장난감 서랍으로 정하거나.

이런 이야기를 하는 건 컴퓨터 나라에서도 같은 일이 벌어지고 있기 때문이야.

컴퓨터는 메모리(memory)라고 하는 전자 부품(앞으로는 그냥 '메모리'라고 하자)에 프로그램에서 처리된 값들을 저장하는데 저장을 하기 위해서는 서랍들을 만들고, 첫 번째 서랍, 두 번째 서랍처럼 정하는 작업을 해야 돼.

택배 아저씨가 우리 집에 물건을 정확하게 배달할 수 있는 이유가 뭘까? 택배 아저씨는 우리 집에 와 본적이 없는데? 그건 당연히 보내는 사람이 우리 집 주소를 택배 아저씨한테 알려 주었기 때문이겠지?

이렇게 각각 구별되는 값들을 집어 넣을 서랍을 만들고(이때 서랍의 크기를 함께 결정해야 해) 서랍의 이름(여기는 장난감 서랍, 저기는 문구류 서랍과 같이 정하겠지)을 정하는 과정을 컴퓨터가 어떻게 하는지를 이번 장에서 간단하게 알아볼 거야.

자세한 사용법은 5장에서 설명할 테니 이번 장에서는 개념 중심으로 이해를 하도록 하자.

3.1 변수와 변수 크기

값을 담을 수 있는 서랍을 만들어 놓고 그 안에 '변하는 수'를 넣을 수 있는데, '변하는 수'를 변수(variable; 베리어블)라고 한단다. 그리고 변수를 넣을 수 있는 서랍의 크기와 형태(예: 첫 번째 서랍에는 문구류, 두 번째 서랍에는 장난감)를 정할 수 있어.

형태와 크기에 대해 살펴볼까.

1) 정수형(integer type; 인티저 타입)

정수는 0과 양(+)의 값을 가지는 숫자(예: 1, 2 등), 음(-)의 값을 가지는 숫자(예: -1, -2 등)를 의미한단다.

아래 표는 변수 형태에 따라 저장할 수 있는 값의 크기를 나타내는데 이해가 잘 안되지?

예를 들어 설명할까! 승준이가 500ml 콜라 병에 콜라 1L를 넣는다고 생각해봐. 어느 순간 병이 차고 넘쳐서 바닥에 다 흘러 내리겠지?

그래서 변수에 넣을 값의 크기를 생각해서 변수의 크기를 미리 정해야 한단다.

변수 형태	저장 공간	표현할 수 있는 수의 크기 및 범위
char	1바이트	-128 ~ 127 또는 0 ~ 255
unsigned char	1바이트	0 ~ 255
signed char	1바이트	-128 ~ 127
int	2 혹은 4바이트	-32,768 ~ 32,767 혹은 -2,147,483,648 ~ 2,147,483,647
unsigned int	2 혹은 4바이트	0 ~ 65,535 혹은 0 ~ 4,294,967,295
short	2바이트	-32,768 ~ 32,767
unsigned short	2바이트	0 ~ 65,535

변수 형태	저장 공간	표현할 수 있는 수의 크기 및 범위
long	4바이트	-2,147,483,648 ~ 2,147,483,647
unsigned long	4바이트	0 ~ 4,294,967,295

[표 1] 정수형 변수 크기

그러면 변수 크기를 무조건 크게 잡아놓으면 좋은 거 아닐까?

값이 저장되는 곳이 메모리라는 하드웨어라고 그랬지? 이 메모리 가격이 옛날에는 무지무지 비쌌어. 사용하지 않는 큰 크기의 값을 저장하기 위해서 메모리를 많이 확보하면 낭비겠지. 그래서 여러 가지 크기의 변수 형태를 만들어 놓은 거야. 작은 값은 작은 용량의 변수에 넣기 위해서란다.

예를 하나 들어볼까? 성적 처리 프로그램을 만든다고 생각해 보자.

성적은 0점부터 100점까지만 있으니깐 char 변수형을 사용하면 충분하겠지? 그리고 성적에는 음수(마이너스 값)가 없으니깐 unsigned char만 사용해도 값을 충분히 저장할 수 있을 거야.

성적 값을 저장하기 위해 long이나 unsigned long을 사용하면 비싼 메모리를 쓸데없이 3바이트(long 4바이트 - unsigned char 1바이트)나 더 소비하게 되고, 결국 비용이 많이 들어가게 되는 거지.

> **아빠~**
>
> **signed와 unsigned가 뭐에요?**
>
> 정수형 변수는 signed(싸인드; 부호가 있는) 형식과 unsigned(언싸인드; 부호가 없는) 형식으로 표현할 수 있단다. '부호가 없다'는 말은 음수(- 부호가 있는 자료)를 저장할 수 없는 자료 형식이라는 의미로 signed 형식보다 2배의 큰 값(음수만큼 양수를 더 저장할 수 있기 때문에)을 저장할 수 있단다.
>
> 자료형은 기본적으로 양(+)의 값과 음(-)의 값을 가지며, signed는 기본 값이므로 별도로 표시하지 않는단다. 즉, 아무 표시가 없으면 signed라고 보면 되겠지.

2) 실수형(real number type; 리얼 넘버 타입)

0과 양(+) 또는 음(-)의 값을 가지며, 소수점(.)이 있는 1.2, 2.34, -1.2, -2.34 등의 숫자를 말한단다.

변수 형태	저장 공간	표현할 수 있는 수의 크기 및 범위
float	4바이트	1.2E-38 ~ 3.4E+38, 소수점 아래 6자리(예: 0.000001)
double	8바이트	2.3E-308 ~ 1.7E+308, 소수점 아래 15 자리
long double	10바이트	3.4E-4932 ~ 1.1E+4932, 소수점 아래 19자리

[표 2] 실수형 변수 크기

E라는 표시가 있는데 처음 보지?

이건 10이라는 숫자를 영문으로 표시하는 거고 지수(승수)라는 것을 이용해서 표현하는 방식이야. 지수에 대해서는 중학교 때 배우게 되는데 여기서는 그냥 여러 종류의 크기를 가지는 소수점이 있다고 이해하고 넘어가자.

3) 문자형(character type; 캐릭터 타입)

알파벳이나 한글 같은 문자(character; 캐릭터)를 저장하는 장소로 사용된단다.

변수 형태	저장 공간	표현할 수 있는 수의 크기 및 범위
char	1바이트	영문자 한 글자

[표 3] 문자형 변수 크기

> **아빠~**
>
> **영문자 한 글자와 한글 한 글자 모두 1바이트인가요?**
>
> C 언어는 미국의 벨 연구소에서 만들어졌다고 앞에서 이야기했었지? 이 때 모든 자료를 저장하는 방식은 영어를 기준으로 만들었단다. 영문자의 경우 대문자 26개와 소문자 26개를 합쳐서 총 52자만 표현하면 되기 때문에 1바이트로 구성할 수 있단다(뒤에서 보게 될 ASCII 코드를 보면 알게 될거야). 그런데 한글의 경우에는 자음과 모음을 이용하여 만들 수 있는 글자의 형태가 너무 많기 때문에 1바이트로는 표현이 불가능하거든. 중국어의 경우에는 더 심각하고. 그래서 한글의 경우에는 2바이트를 사용해서 한 글자를 저장한단다.

3.2 변수 이름 규칙

서랍의 이름을 지정하는 방법, 즉 변수명(변수 이름)의 지정 방법을 알아보자. 이름을 만드는 데는 몇 가지 규칙이 있어.

① 이름은 영어(알파벳 A~Z, a~z), 숫자(0, 1, …, 9), _(언더바) 기호로만 이루어진단다.
- 바른 예: name, score1, my_favorite_color
- 잘못된 예: apt#

② 이름은 대문자(upper case; 어퍼 케이스)와 소문자(lower case; 로우어 케이스)를 구별해. 약간 유식한 말로 'case-sensitive(케이스-센서티브)가 적용된다'라고 말하지.
- Name과 name은 서로 다른 이름이야.

③ 이름의 맨 앞에 숫자가 오면 안 된단다. 맨 앞이 아닌 다른 곳은 상관이 없어.
- 바른 예: floor1, building1
- 잘못된 예: 1stfloor, 2ndbuilding

④ 몇 가지 이름은 C 언어에서 이미 사용하고 있어서 우리가 사용할 수 없어. 이렇게 이미 사용되고 있는 이름을 예약어(reserved word; 리저브드 워드)라고 해.

앞에서 배운 간단한 프로그램에 return이라는 명령어가 있었지? return 0이라고 하면 0이라는 값을 반환한다고 그랬는데, return을 변수 이름으로 사용하면 어떻게 될까? 컴퓨터의 컴파일러는 이것이 어떤 값을 반환하는 명령어인지, 어떤 값을 저장하는 변수명인지 이해하지 못할 거야. 승준이나 서연이는 의미를 이해할 수 있지만 아쉽게도 컴퓨터는 그렇게 똑똑하지 않단다.

대표적인 예약어로는 다음과 같은 것들이 있어.

auto	do	goto	signed	unsigned
break	double	if	sizeof	void
case	else	int	static	volatile
char	enum	long	struct	while
const	extern	register	switch	continue
default	for	short	union	

[표 4] 예약어의 예

⑤ 이름 중간에 공백(space; 스페이스)이 있으면 안 된단다.

- 바른 예: my_name
- 잘못된 예: my name

프로그램을 작성하면서 변수를 만드는 방식은 다음과 같아. 변수의 크기와 넣는 자료의 형식을 먼저 기입하고 해당 이름을 지정하면 된단다.

사용 형식

[변수 형식] [변수명];

사용 예

int score;
float average;
char ch;

3.3 대입 연산자

대입의 사전적 의미는 '다른 것을 대신 넣는다(입력한다)'야. 키보드나 마우스 등을 이용하여 데이터를 입력 받으면 그것을 메모리에 저장하기 위해 변수라는 것을 사용한다고 했지? 입력 받은 값을 변수에 넣을 때 '대입 연산자'라는 것을 사용해.

연산자라는 말에는 '계산을 하는 주체' 혹은 '계산을 하도록 시키는 것'이라는 의미가 있는데, 대입 연산자는 '대입이라는 계산을 하는 주체' 혹은 '대입이라는 계산을 하도록 시키는 것'이라고 생각하면 될 거야.

컴퓨터에서 대입 연산자는 =로 표시되는데, 수학에서 = 표시는 양쪽이 같다는 의미로 사용되잖아. 그러나 컴퓨터에서는 '오른쪽에 있는 값을 왼쪽에 저장하라'는 의미로 사용된단다.

아래 코드를 볼까?

```
int score;
score = 3;
```

위의 코드를 그림으로 표현해 볼까?

[그림 1]을 보면 알겠지만 3이라는 값을 정수형 변수인 score에 대입한다는 의미야.

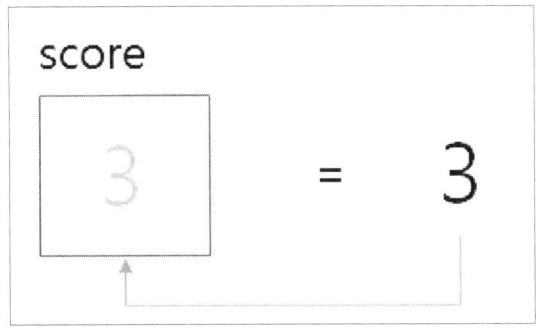

[그림 1] 대입 연산자의 활용

3.4 변수 초기화

변수를 선언할 때 변수를 초기화(값을 처음으로 만든다는 의미)할 수 있어. 초기화는 변수의 값을 처음으로 만든다는 의미야. 변수를 초기화하는 이유는 크게 두 가지란다.

첫 번째는 내가 사용할 값을 미리 지정하기 위해서야.

두 번째는 변수만 선언하면 그 안에 이상한 값(우리는 이걸 '쓰레기 값'이라고 해)이 들어갈 수 있는데, 초기에 특정 값으로 깨끗하게 정리할 필요가 있기 때문이야.

화면에 출력하는 방법을 아직 배우지 않았지만 변수를 초기화하는 방법을 확인하기 위해 [코드 1]을 작성해 보자.

조금 길지. 어려워할 필요는 없어. 프로그래밍은 일단 부딪히면서 배우는 거란다. 그리고 이 내용은 뒤에서 하나씩 더 자세히 배울 테니, 여기서는 입력하고 실행해 보자. 90%는 이미 배운 거란다.

[코드 1] 변수 초기화

```c
#include <stdio.h>
#include <stdlib.h>

int main()
{
    int a = 10;
    int b;
    float c = 1.0, d = 2.0;
    char ch = 'A';

    b = 20;

    printf("%d, %d\n", a, b);
    printf("%f, %f\n", c, d);
```

```
    printf("%c\n", ch);

    system("pause");
    return 0;
}
```

코드를 저장한 후 실행하면 다음과 같은 결과가 나올 거야.

```
10, 20
1.000000, 2.000000
'A'
```

위의 코드에는 변수를 초기화하는 다양한 방법이 들어 있어. 하나씩 살펴볼까?

① 변수 선언과 함께 초기화: 변수 선언 시 대입 연산자를 이용하여 값을 초기화할 수 있어
   int a = 10;

② 변수 선언 후 초기 값 할당: 변수를 선언한 후 다른 행에서 초기 값을 대입하는 거야.
   int b;
   b =20;

③ 여러 개의 변수를 쉼표(,)로 구분하면서 초기화: 쉼표를 이용하여 여러 개의 변수를 선언하면서 대입 연산자(=)를 이용해서 각 값을 초기화할 수 있어.
   float c = 1.0, d = 2.0;

④ 문자형 변수의 초기화: 문자형 변수의 초기화는 하나의 문자를 작은따옴표(') 쌍으로 표시하는 식으로 이루어져.
   char ch = 'A';

3장을 마치며

이번 장에서는 변수의 의미를 알아보았어. 그리고 변수명을 지정하는 방법과 초기화하는 방법도 알아보았어. 이 변수를 활용해서 필요한 값을 저장하고 활용하는 방법을 뒤에서 알아볼 거야.

4장 화면 입출력

4.1 화면 출력 함수: printf()

4.2 화면 출력 함수: putchar(), puts()

4.3 키보드 입력 함수: scanf()

3장에서 뭘 배웠지? 데이터를 처리하기 위해서 저장 공간을 만들고 이름을 지정하는 방식을 배웠지.

이번 장에서는 화면에 출력하는 방법과 키보드로 입력한 자료를 가지고 오는 방법을 알아볼 거야.

컴퓨터 프로그램은 값을 입력 받고, 입력 받은 값을 정해진 대로 처리하고, 처리 결과를 화면에 출력하는 과정을 거친다고 할 수 있어.

컴퓨터 프로그램을 사용해 봐서 알겠지만 입력은 여러 장치를 통해서 이루어질 수 있어. 가령, 키보드로 값을 입력할 수 있잖아. 마우스는 어때? 화면에 있는 어떤 부분을 마우스로 누르면 프로그램은 '눌려진 위치'에 표시된 정보가 무엇인지 판단해서 그 입력 값이 명령어면 어떤 일을 처리하겠지. 처리된 결과는 모니터나 프린터 등과 같은 출력 장치로 나가는 것이고.

예를 하나 들어볼까? 네이버에 들어가기 위해 익스플로어나 크롬 같은 웹 브라우저를 실행시키잖아. 그리고 주소 창에 http://www.naver.com이라고 키보드로 타이핑(입력)하고, 엔터 키를 누르겠지. 여기서 주소를 타이핑하고 엔터 키를 누르는 것이 입력에 해당하는 것이야.

웹 브라우저 프로그램은 입력된 주소와 엔터 키를 프로그램 내부에서 적절하게 처리하겠지. 그런 다음에 모니터에 네이버 초기 화면을 출력하는 거야.

이런 일련의 과정을 프로그램이 처리한다고 보면 돼.

4.1 화면 출력 함수: printf()

2장에서 프로젝트를 생성할 때 마법사가 간단한 프로그램을 자동으로 작성해 준 것을 기억할 거야. 자동으로 만들어진 프로그램에서 Hello world!를 출력하기 위해 printf()라는 함수를 사용했지? 이 함수에 대해 좀더 자세히 알아보도록 하자.

아래 코드를 입력해 볼까?

[코드 1] printf()의 활용

```
#include <stdio.h>
#include <stdlib.h>

int main()
{
    printf("안녕하세요\n");
    printf("%s\n", "안녕하세요");
    printf("%c%c%c%c%c\n", 'H', 'E', 'L', 'L', 'O');

    system("pause");
    return 0;
}
```

코드를 저장한 후 실행하면 다음과 같은 결과가 나타날 거야.

```
안녕하세요
안녕하세요
HELLO
```

위에서 사용한 %d나 %c 같은 문자를 변환 문자(conversion character; 컨버전 캐릭터)라고 해. %s\n과 같이 변환 문자가 포함된 문자열을 형식 문자열(format string; 포맷 스트링)이라고 한단다.

변환 문자는 그 다음에 오는 자료와 함께 [표 1]에 정리된 것과 같은 역할을 해.

변환 문자	용도
%c	문자(character) 하나를 변환해.
%d	정수(integer)로 변환해.
%f	실수(float)로 변환해(소수점이 있는 숫자).
%s	문자열(string: 문자들이 반복된 문장)로 변환한단다.
%e	실수(float)를 과학에서 사용하는 지수로 표기해.
%g	%f나 %e로 표현되는 값 중 더 짧게 표현되는 방식이야.

[표 1] 변환 문자의 활용

아래 코드로 조금 더 자세히 설명할까?

```
printf("안녕하세요");
```

이 코드는 화면에 '안녕하세요'라는 문자열을 출력하는데 출력할 문자열의 앞과 뒤를 큰따옴표(")로 감싸야 해. 어디부터 어디까지가 출력해야 할 문자인지 컴퓨터가 알 수 없기 때문에 큰따옴표로 시작과 끝을 알려주는 거란다.

아래 예를 볼까?

```
printf("%s", "안녕하세요");
```

여기서는 변환 문자인 %s를 사용했어. s의 의미는 문자열(string)이야? 변환 문자는 그에 맞는 데이터와 쌍으로 있어야 해. 변환 문자가 세 개인데 데이터가 두 개만 있다면? 컴퓨터는 이상하게 생각하고 오류를 발생하거나 이상한 값을 출력할거야.

아래 코드를 볼까?

```
printf("%s", "%c", "안녕하세요");  // 오류: 전달 받을 변환 문자가 2개인데 문자열 1개만 존재
printf("%d", "안녕하세요");        // 오류: %d는 숫자를 출력하는 변환 문자임
printf("%d", 30);                  // 정상
```

첫 번째 구문에 변환 문자가 두 개 있는데, 자료형은 하나밖에 없어서 오류가 발생하는 것이야. 그리고 두 번째 구문의 변환 문자는 정수를 나타내는 %d인데 문자열이 치환 자료로 들어가 있어서 오류가 발생하는 것이란다.

오류가 발생했을 때 코드블록에서는 어떻게 나타나는지 한번 보도록 하자.

[코드 2] 포맷 문자의 오류

```c
#include <stdio.h>
#include <stdlib.h>

int main()
{
    printf("%s", "%c", "안녕하세요");  // 오류: 전달 받을 변환 문자가 2개인데 문자열 1개만 존재
    printf("%d", "안녕하세요");        // 오류: %d는 숫자를 출력하는 변환 문자임
    printf("%d", 30);                  // 정상

    system("pause");
    return 0;
}
```

[코드 2]를 컴파일(메뉴의 [Build] > [Build and Run]을 선택하거나 F9 키를 누름)한 후 [그림 1]과 같이 하단의 [Build messages] 창을 확인해 봐.

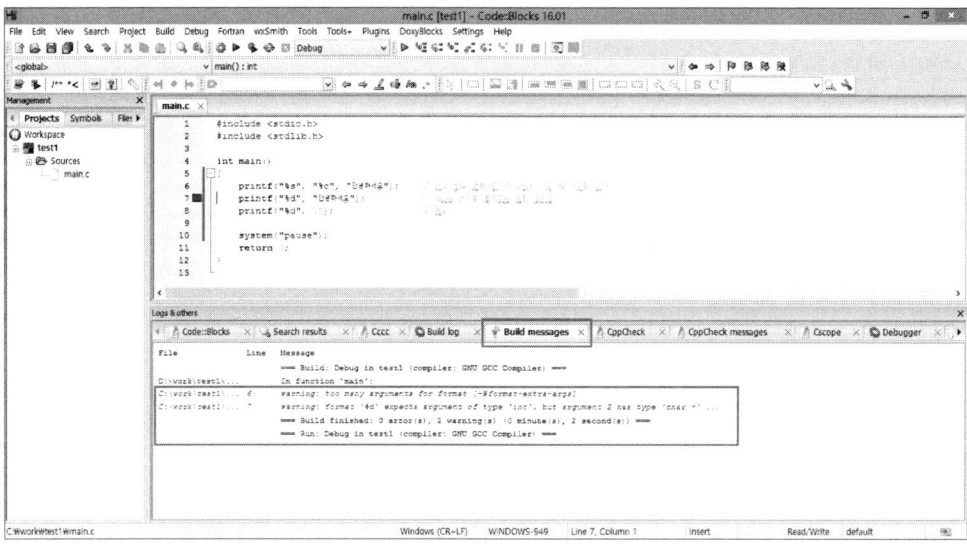

[그림 1] 오류 메시지 발생

그러면 [표 2]와 같은 내용이 나타날거야.

Line(라인)	Message(메시지)
6	warning: too many arguments for format [-Wformat-extra-args]| • 경고: 포맷(변환 문자)보다 너무 많은 인자를 가지고 있습니다.
7	format '%d' expects argument of type 'int', but argument 2 has type 'char *' [-Wformat=] • %d 형식은 int(정수형) 형식을 필요로 하지만 인자 값이 'char *(문자열: 나중에 배울 형식)' 형식입니다.

[표 2] 오류 메시지의 의미

6 라인의 메시지 부분은 warning(경고; 워닝)으로, 잘못된 부분을 경고로 알려주는 문구야. 경고 문구는 컴파일할 때 오류를 발생시키는 것은 아니지만 잘못된 결과 값을 출력할 수 있으므로 확인해 보아야 하는 부분이야.

7 라인의 메시지 부분을 보면 %d는 정수형 형식을 요청하지만 문자열 형식이 있다는 내용이야. 해당 메시지 부분에 마우스를 가지고 가서 왼쪽 버튼을 두 번 빠르게 누르면 (더블 클릭하면) 해당 라인의 색이 바뀌면서 무엇이 오류인지 찾을 수 있도록 도와줘.

[코드 2]를 컴파일하고 실행하면 경고가 두 개 발생하고 [그림 2]와 같이 원하는 결과가 나오지 않는 것을 확인할 수 있을 거야.

[그림 2] 비정상적인 결과 출력

따라서 컴파일을 한 후에는 반드시 [Build messages]를 확인하는 습관을 들이도록 하자.

4.2 화면 출력 함수: putchar(), puts()

앞에서 배운 printf() 함수 외에 화면에 데이터를 출력하는 함수로 putchar() 함수와 puts() 함수가 있어. 이번 절에서는 이 두 함수를 배울 거야.

[코드 3]을 작성해 보자.

[코드 3] putchar(), puts()의 활용

```
#include <stdio.h>
#include <stdlib.h>

int main()
{
    putchar('A');
    puts("HELLO");

    system("pause");
    return 0;
}
```

코드를 저장한 후 실행하면 다음과 같은 결과가 나타날 거야.

```
AHELLO
```

putchar() 함수는 char형 문자 하나를 화면에 출력하는 함수야. 문자형과 문자열에 대해서는 7장에서 자세히 다룰 건데, 앞에서 설명했듯이 문자열에는 큰따옴표(")를 사용하지만 한 개의 글자를 나타낼 때는 작은따옴표(')를 이용한다는 정도만 일단 알아두자.

puts() 함수는 문자열을 화면에 출력하는 함수야. 문자열이기 때문에 문자열의 앞뒤에 큰따옴표(")를 둔 것을 확인할 수 있어.

그런데 결과를 보면 어때? AHELLO와 같이 붙어 있는 것을 확인할 수 있지? 이유는 앞에서 줄 바꿈 문자인 \n를 포함하지 않았기 때문이야.

이렇게 \ 기호와 함께 특별한 일을 처리하는 문자를 이스케이프(escape) 문자라고 해. 이스케이프 문자는 특정 기능을 수행하도록 미리 정의해 놓은 문자라고 보면 돼. 이스케이프 문자에는 여러 가지가 있지만 다음의 표에 있는 것을 주로 사용해.

이스케이프 문자	기능	예제
\n	줄 바꿈	printf ("HI\nHELLO"); [실행 결과] HI HELLO
\t	탭	printf("HI\tHELLO"); [실행 결과] HI HELLO
\\	\ 문자	printf("HI\\HELLO"); [실행 결과] HI\HELLO
\"	" 출력	printf ("He say \"HI\""); [실행 결과] He say "HI"

[표 3] 이스케이프 문자의 예

[표 3]에서 조금 재미 있는 것이 있어. 역슬래시(\)를 표시하기 위해 두 개의 역 슬래시(\\)를 사용한 게 보이지.

4장 화면 입출력

문자열에서 역슬래시는 이스케이프 문자를 표시하기 위해서 사용하는데 역슬래시를 화면에 출력해야 할 경우도 있겠지. 이때 역슬래시를 한 개만 사용하면 컴퓨터는 이것이 이스케이프 문자의 시작인지 역슬래시를 출력해야 하는 것인지 알 수 없어서 오류를 일으키겠지. 그래서 \\와 같이 표시하기로 약속한 거야.

큰따옴표(")도 볼까? 큰따옴표가 문자열의 앞과 뒤에 쌍으로 있어야 한다고 했는데 문자열 중간에 큰따옴표가 있으면 문자열의 끝인지 문자열 중간에 있는 큰따옴표인지 알 수 없겠지. 그래서 문자열 내부에서 사용하는 큰따옴표의 경우에는 \"와 같은 형식으로 표시하는 거란다.

4.3 키보드 입력 함수: scanf()

이제 입력을 받는 방법에 대해 알아보자. 마우스를 이용해서 입력하는 것을 이해하려면 윈도우 프로그래밍이라는 특별한 과정을 좀더 알아야 하기 때문에 지금 이해하기는 어려워. 그래서 여기서는 C 언어에서 제공하는 표준 입력 방법인 키보드로 값을 입력 받는 방법을 설명할 거야.

키보드로 입력을 받기 위해 우리가 배울 함수는 scanf()라는 함수야.

다음과 같이 [코드 4]를 작성해 보자.

[코드 4] scanf()의 활용

```
#include <stdio.h>
#include <stdlib.h>

int main()
{
    int a;
    printf("숫자를 입력하세요:");
    scanf("%d", &a);
    printf("%d", a);

    system("pause");
    return 0;
}
```

코드를 저장한 후 실행하면 "숫자를 입력하세요"라는 문장이 나타나고 커서가 깜박깜박거리고 있을 거야.

적당한 숫자를 입력한 후 엔터(Enter) 키를 누르면 입력한 숫자가 그대로 출력될 거야. 다음과 같이 말이지.

```
숫자를 입력하세요:25.↵
25
```

그럼, 위의 코드를 자세히 알아보자.

```
int a;
```

위의 코드는 정수형(integer) 변수 a를 선언한 거야. 정수 값을 저장하기 위해 a 변수를 선언한 거지. 이제 이 정도는 이해가 되지. 혹시 이해가 잘 되지 않으면 3장에서 설명했으니까 확인해 보도록 하자.

아래 코드를 볼까?

```
scanf("%d", &a);    // scanf("[변환 문자 형식]", &[전달 받을 변수명]);
```

scanf() 함수는 키보드에 입력된 문자를 변환 문자 형식으로 받아서 전달 받을 변수에 입력하는 역할을 해.

전달 받을 변수명 앞에 & 기호가 붙어 있지. 이렇게 & 기호가 붙은 변수를 포인터형 변수라고 한단다. 포인터라는 것에 대해서는 뒤에 별도의 장에서 설명할 예정이니 여기서는 이런 방식으로 사용된다는 것 정도만 기억하고 넘어가기로 하자.

scanf()의 첫 번째 인자로 '변환 문자 형식'을 지정한다고 했지? 만약 입력 받고 싶은 숫자가 소수점이 포함된 실수라면 어떻게 해야 할까?

일단, [코드 5]를 작성해 보자.

[코드 5] 변환 문자 형식에 따른 데이터 입력

```
#include <stdio.h>
#include <stdlib.h>

int main()
{
    float a;
    printf("숫자를 입력하세요:");
    scanf("%f", &a);
    printf("%d\n", a);
    printf("%f\n", a);

    system("pause");
    return 0;
}
```

코드를 저장한 후 실행하면 "숫자를 입력하세요"라는 문장이 나타나고 커서가 깜박깜박거리고 있을 거야.

적당한 숫자를 입력한 후 엔터(Enter) 키를 누르면 다음과 같이 결과가 나타날 거야.

```
숫자를 입력하세요:1.2345↵
536870912
1.234500
```

위의 예에서 처음 결과 값은 입력한 숫자가 아니고 이상한 값이라는 것을 확인할 수 있어. 왜 그럴까?

입력 받은 데이터의 형식이 뭘까? 1.2345 말이야. 소수점이 있는 실수형이지. 그러니까 실수형 데이터를 입력 받은 후 %d를 이용하여 정수형 값으로 찍으려고 했기 때문에 컴퓨터에서는 이상한 값으로 멋대로 변환한 거야.

두 번째 결과 값은 제대로 나온 것을 확인할 수 있지. 실수형을 처리하는 %f를 제대로 사용했으니까.

문자와 문자열을 입력 받는 방법에 대해서는 7장에서 자세히 설명할게.

4장을 마치며

이번 장에서는 데이터를 출력하고 입력하는 방법에 대해 알아보았어. 앞에서도 이야기했듯이 프로그래밍은 입력한 값을 가지고 어떤 처리를 해서 결과를 출력하는 과정을 만드는 것이라고 했지?

다음으로, 데이터를 처리하는 과정에 대해 알아볼 거야. 하나씩 쌓아 나가는 과정이 재미있지~

5장 정수 자료형 처리하기

5.1 정수형 연산자

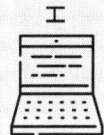

3장에서 변수와 정수형 변수라는 것에 대해 알아보았어. 이번 장에서는 정수형 변수를 이용하여 데이터를 처리하는 방법을 좀더 자세히 알아보자.

정수형 변수를 선언하는 방법은 다음과 같아.

사용 형식

 [정수 자료형: (unsigned) int, (unsigned) short, (unsigned) long] [변수명];

사용 예
 int a;
 short number;
 unsigned long distance;

정수 자료형이 int, short, long 등 여러 가지. 이유를 3장에서 설명했는데 기억하니?

표현할 수 있는 수의 크기 및 범위와 관련 있지? 기억이 잘 나지 않으면 3.1절 "변수와 변수 크기"를 다시 보자.

5.1 정수형 연산자

연산자는 프로그램에서 변수나 값을 계산할 때 사용하는 부호를 의미해. 더하기(+)나 빼기(-) 같은 것이 바로 연산자야.

연산자는 단항 연산자와 이항 연산자로도 구분된단다.

단항 연산자는 피연산자(연산을 당하는 변수나 값)가 한 개인 경우이고, 이항 연산자는 피연산자가 두 개인 경우를 의미한단다.

우리가 덧셈을 할 때 '1 + 2'와 같이 + 연산자를 이용해서 1과 2를 더하는데 연산을 당하는 피연산자가 1과 2 두 개니까 + 연산자를 이항 연산자라고 하는 거야.

연산자의 예를 보기 위해 [코드 1]을 작성해 보자.

[코드 1] 정수형 연산자의 활용

```
#include <stdio.h>
#include <stdlib.h>

int main()
{
    int a = 10;
    int b = 20;
    int result;

    result = a + b;        // a 와 b 의 값을 더하여 result 변수에 대입한다
    printf("%d + %d = %d\n", a, b, result);
    printf("%d + %d = %d\n", a, b, a+b);

    printf("a - b = %d\n", a-b);
    printf("a * b = %d\n", a*b);
    printf("b / a = %d\n", b / a);
```

```
    printf("a / b = %d\n", a / b);
    printf("a / b = %f\n", a / b);
    printf("b %% a = %d\n", b % a);
    printf("a %% b = %d\n", a % b);

    system("pause");
    return 0;
}
```

코드를 저장한 후 실행하면 다음과 같은 결과가 나타날 거야.

```
10 + 20 = 30
10 + 20 = 30
a - b = -10
a * b = 200
b / a = 2
a / b = 0
a / b = 0.000000
b % a = 0
a % b = 10
```

이제 코드를 살펴볼까?

우리는 먼저 정수형 변수 a와 b를 선언하고 a에 값 10을 대입하고, b에 값 20을 대입했어. (여기서 변수 초기화 개념을 알아야 하는데 까먹었으면 3장을 참고하자.)

a와 b의 합은 result라는 변수에 들어가. [그림 1]을 보면 각 변수의 값이 초기화되고, 결과가 적용되는 것을 확인할 수 있을 거야.

그림이 복잡해? 찬찬히 보면 알 수 있어. 프로그래밍은 관찰과 분석이야. 모른다고 그냥 포기하지 말고 자세히 보면 보인단다.

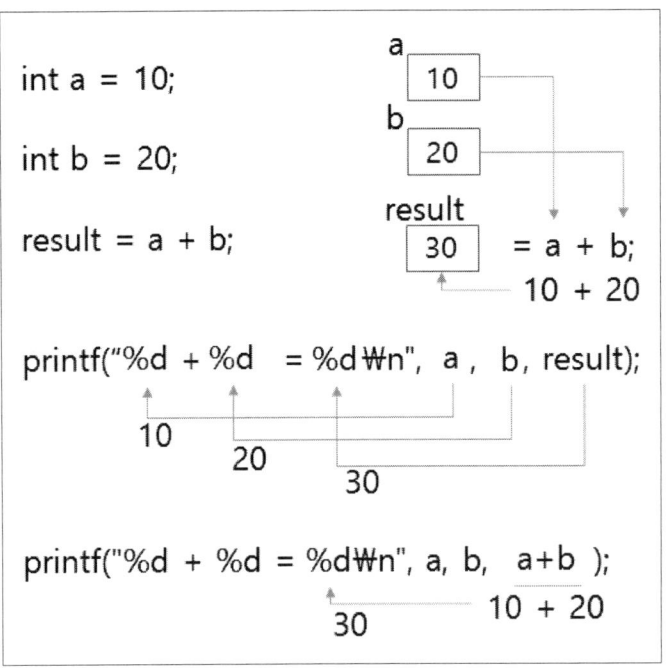

[그림 1] 연산자의 흐름

[표 1]은 정수형 연산자의 활용 방식을 설명한 거야. (표를 볼 때 변수 a=10, b=20과 같이 초기화되어 있다고 생각해.)

연산자	역할	예제
+	더하기	a + b = 10 + 20 = 30
-	빼기	a - b = 10 - 20 = -10
*	곱하기	a * b = 10 * 20 = 200
/	나누기	b / a = 20 / 10 = 2 a / b = 10 / 20 = 0에서 정수형 연산자끼리 계산하면, 즉 '정수 / 정수'의 경우 정수의 값으로 계산된다. 즉, 값이 0.5가 되는 것이 아니라 0이 된다.
%	나머지	b % a = 0 : 20 ÷ 10은 몫이 2이고 나머지는 0이므로 0이 출력된단다. 그리고 a % b = 10 : 10 ÷ 20은 몫이 0이고 나머지는 10이므로 10이 출력된단다.

[표 1] 정수형 산술 연산자의 활용

5장을 마치며

이번 장에서는 정수 자료형의 처리 방법을 살펴보았어.

다음 장에서는 실수 자료형에 대해 알아볼 거야.

6장 실수 자료형 처리하기

6.1 실수형 연산자

실제 생활에서 정수만 사용되는 것은 아니란다. 소수점이 들어간 숫자도 있는데 이런 숫자를 표현하기 위해 실수(real number: 리얼 넘버)형이라는 자료형도 만들었단다.

이번 장에서는 실수형 변수를 이용하여 데이터를 처리하는 방법에 대해 자세히 알아보자.

실수 자료형을 선언하는 방식은 아래와 같아.

사용 형식
 [실수 자료형: float, double, long double][변수명];

사용 예
 float pi;
 double pi_2;

정수형 선언 방식을 이해했으면 위의 내용이 어렵지 않겠지!

6.1 실수형 연산자

실수형 연산자를 어떻게 활용할 수 있는지 아래 [코드 1]에 있는 예로 배워보자.

[코드 1] 실수형 연산자의 활용

```c
#include <stdio.h>
#include <stdlib.h>

int main()
{
    float a = 10.1;
    float b = 20.1;

    float result;

    result = a + b;
    printf("%f + %f = %f\n", a, b, result);
    printf("%.1f + %.2f = %f\n", a, b, result);

    printf("a - b = %f\n", a-b);
    printf("a * b = %f\n", a*b);
    printf("b / a = %f\n", b / a);
    printf("b / a = %d\n", b / a);
    printf("a / b = %f\n", a / b);
    printf("a / b = %d\n", a / b);

    system("pause");
    return 0;
}
```

코드를 저장한 후 실행하면 다음과 같은 결과가 나타날 거야.

```
10.100000 + 20.100000 = 30.200001
10.1 + 20.10 = 30.200001
a − b = -10.000000
a * b = 203.010012
b / a = 1.990099
b / a = 86732999
a / b = 0.502488
a / b = -791041106
```

지금 처리된 값을 확인하면 무언가 조금 이상한 것이 보이지 않니?

10.1 + 20.1을 계산하면 30.2가 나와야 하는데 30.200001과 같이 소수점 6자리에 1이 더 있는 것이 확인되지. 이건 컴퓨터 프로그램 오류가 아니란다. 컴퓨터에서 소수점을 표현하기 위해 IEEE 754 표준이라는 것을 사용하는데 이 표준의 표현 방식에 한계가 있어서 이렇게 보이는 거란다.

그렇기 때문에 float나 double 같은 실수형 자료를 처리할 때 완벽하게 맞지 않는 경우가 발생할 수도 있다는 점을 항상 기억해 두도록 하자.

> **아빠~**
>
> **표준이 뭐예요?**
>
> 표준의 사전적 의미는 '사물의 정도나 성격 따위를 알기 위한 근거나 기준'이란다. 우리가 거리를 측정하기 위하여 Cm, m 등을 사용하는데 이 거리는 어떻게 만들어진 걸까? 여러 사람들이 모여서 거리를 나타낼 때 Cm는 얼마만큼의 거리로, m는 얼마로 하자고 기준을 정해 놓은 것이란다(우리나라에서는 과거에 한 자, 두 자와 같은 거리 표현 방식을 썼었지). 컴퓨터에서도 자료를 표현하는 방식이나 처리 방법 등의 기준을 정해 놓고 전세계인이 공통으로 사용하고 있지.
>
> IEEE(Institute of Electrical and Electronics Engineers)는 전세계의 전기, 전자공학 전문가들이 모여 만든 '전기 전자 기술자 협회'란다. 이 협회에서 소수점을 표현하는 방식을 정의하고 이를 문서로 표현하였는데 이 규약이 IEEE 754란다.

6장을 마치며

이번 장에서는 소수점을 표현하고 저장하기 위한 실수형 연산자에 대해 알아보았어.

다음 장에서는 문자와 문자열을 처리하는 방법에 대해 알아보도록 하자.

7장 문자 자료형 처리하기

7.1 아스키 코드와 문자형

7.2 문자열

이번 장에서는 문자(character: 캐릭터) 자료형의 처리 방법에 알아볼 건데, 선언 방식은 아래와 같아.

> **사용 형식**
> char [변수명];
>
> **사용 예**
> char ch;
> ch = 'A';

문자 자료형을 Character Type(캐릭터 타입)이라고 부르고, 키보드에서 입력할 수 있는 모든 값과 여러 가지 부호 및 제어 코드를 문자 자료형으로 사용할 수 있어.

정수나 실수 자료형의 경우에는 우리가 일반적으로 사용하는 숫자를 그대로 대입할 수 있었지만 문자 자료형의 경우에는 대입할 값을 작은따옴표(')로 감싸야 해. 그래야 컴퓨터가 그 값이 문자형인지 이해해.

7.1 아스키 코드와 문자형

아스키(ASCII: American Standard Code for Information Interchange; 미국 정보 교환 표준 부호)는 미국에서 정보 교환을 위해 설계한 7비트 부호 체계로 0부터 127까지 총 128개의 값으로 구성된 코드표란다. 비트는 컴퓨터에서 정보를 표현하는 최소 단위인데, 이에 대해서는 18장에서 자세히 살펴볼 거야.

아스키 코드표에는 영문 키보드로 입력할 수 있는 모든 기호가 할당되어 있단다. 그래서 키보드로 무언가를 입력하면 입력된 것의 아스키 코드 값이 컴퓨터로 전송된단다.

아스키 코드는 정보 교환을 위해 설계되었기 때문에 0부터 31까지의 값은 통신에 사용되는 코드 값으로 구성되어 있고 32(스페이스: space; 빈칸)부터는 우리가 사용하는 기호, 숫자, 대문자, 소문자로 구성되어 있단다.

아래 그림을 보면 31까지는 우리가 모르는 문자고, 32부터는 우리가 사용하는 문자인 것을 알 수 있지. (통신 프로그램 등을 사용할 때 사용하는 코드로 그냥 이런 게 있다는 것 정도만 알고 그냥 지나가자.)

10진	16진	문자	10진	16진	문자	10진	16진	문자	10진	16진	문자
0	0x00	NUL	32	0x20	SP	64	0x40	@	96	0x60	`
1	0x01	SOH	33	0x21	!	65	0x41	A	97	0x61	a
2	0x02	STX	34	0x22	"	66	0x42	B	98	0x62	b
3	0x03	ETX	35	0x23	#	67	0x43	C	99	0x63	c
4	0x04	EOT	36	0x24	$	68	0x44	D	100	0x64	d
5	0x05	ENQ	37	0x25	%	69	0x45	E	101	0x65	e
6	0x06	ACK	38	0x26	&	70	0x46	F	102	0x66	f
7	0x07	BEL	39	0x27	'	71	0x47	G	103	0x67	g
8	0x08	BS	40	0x28	(	72	0x48	H	104	0x68	h
9	0x09	HT	41	0x29	)	73	0x49	I	105	0x69	i
10	0x0A	LF	42	0x2A	*	74	0x4A	J	106	0x6A	j
11	0x0B	VT	43	0x2B	+	75	0x4B	K	107	0x6B	k
12	0x0C	FF	44	0x2C	,	76	0x4C	L	108	0x6C	l
13	0x0D	CR	45	0x2D	-	77	0x4D	M	109	0x6D	m
14	0x0E	SO	46	0x2E	.	78	0x4E	N	110	0x6E	n
15	0x0F	SI	47	0x2F	/	79	0x4F	O	111	0x6F	o
16	0x10	DLE	48	0x30	0	80	0x50	P	112	0x70	p
17	0x11	DC1	49	0x31	1	81	0x51	Q	113	0x71	q
18	0x12	DC2	50	0x32	2	82	0x52	R	114	0x72	r
19	0x13	DC3	51	0x33	3	83	0x53	S	115	0x73	s
20	0x14	DC4	52	0x34	4	84	0x54	T	116	0x74	t
21	0x15	NAK	53	0x35	5	85	0x55	U	117	0x75	u
22	0x16	SYN	54	0x36	6	86	0x56	V	118	0x76	v
23	0x17	ETB	55	0x37	7	87	0x57	W	119	0x77	w
24	0x18	CAN	56	0x38	8	88	0x58	X	120	0x78	x
25	0x19	EM	57	0x39	9	89	0x59	Y	121	0x79	y
26	0x1A	SUB	58	0x3A	:	90	0x5A	Z	122	0x7A	z
27	0x1B	ESC	59	0x3B	;	91	0x5B	[	123	0x7B	{
28	0x1C	FS	60	0x3C	<	92	0x5C	₩	124	0x7C		
29	0x1D	GS	61	0x3D	=	93	0x5D	]	125	0x7D	}
30	0x1E	RS	62	0x3E	>	94	0x5E	^	126	0x7E	~
31	0x1F	US	63	0x3F	?	95	0x5F	_	127	0x7F	DEL

범례: 알파벳　숫자　구두점　제어문자　공백 문자

[그림 1] 아스키(ASCII) 코드표 (http://copynull.tistory.com/202)

조금 더 자세히 알아볼까? [그림 1]의 0부터 31까지의 값을 제어 문자라고 하는데 [표 1]과 같은 의미를 가진단다.

코드 값	16진수	의미	
0	0x00	NULL	NULL 문자(아무것도 없는 문자로 문자열의 끝에 추가)
1	0x01	Start of Heading	헤딩의 시작
2	0x02	Start of Text	본문 시작, 헤더 종료
3	0x03	End of Text	본문 종료
4	0x04	End of Transmission	전송 종료, 데이터 링크 초기화
5	0x05	Enquiry	응답 요구
6	0x06	Acknowledge	긍정 응답
7	0x07	Bell	경고음
8	0x08	Back Space	백스페이스
9	0x09	Horizontal Tab	수평 탭
10	0x0A	Line Feed	개행
11	0x0B	Vertical Tab	수직 탭
12	0x0C	Form Feed	다음 페이지
13	0x0D	Carriage Return	엔터(Enter)
14	0x0E	Shift Out	확장 문자 시작
15	0x0F	Shift In	확장 문자 종료
16	0x10	Data Link Escape	전송 제어 확장
17	0x11	Device Control 1	장치 제어 1
18	0x12	Device Control 2	장치 제어 2
19	0x13	Device Control 3	장치 제어 3
20	0x14	Device Control 4	장치 제어 4
21	0x15	Negative Acknowledge	부정 응답
22	0x16	Synchronous idle	동기화
23	0x17	End of Transmission Block	전송 블록 종료
24	0x18	Cancel	취소

코드 값	16진수	의미	
25	0x19	End of Medium	매체 종료
26	0x1A	Substitute	치환
27	0x1B	Escape	제어 기능 추가
28	0x1C	Filed Seperator	파일 경계 할당
29	0x1D	Group Seperator	그룹 경계 할당
30	0x1E	Record Seperator	레코드 경계 할당
31	0x1F	Unit Seperator	장치 경계 할당

[표 1] 아스키(ASCII) 제어 코드표

아스키 코드가 문자 자료형에서 어떻게 활용되는지 확인하기 위해 [코드 1]을 작성해 보자.

[코드 1] 문자형의 활용

```
#include <stdio.h>
#include <stdlib.h>

int main()
{
    char ch1 = 'A';
    int a = 65;        // ASCII 65는 'A'
    char ch2 = 65;

    printf("%c\n", ch1);
    printf("%d\n", ch1);

    printf("%c\n", a);
    printf("%c\n", a + 1);

    printf("%c\n", ch2);
```

```
    system("pause");
    return 0;
}
```

코드를 저장한 후 실행하면 다음과 같은 결과가 나타날 거야.

```
A
65
A
B
A
```

문자형(char) 변수 ch1을 A로 초기화했고, 정수형 변수 a는 65로 초기화했고, 문자형 변수 ch2는 65로 초기화했어.

ch2 변수를 숫자 값으로 초기화했지만 문자형 변수잖아. 그러면 어떤 값이 들어가 있을까? 아스키 코드표 값 65는 A와 같기 때문에 실제로 A로 초기화한 것과 동일한 효과가 나타난단다.

> **아빠~**
>
> **문자 자료형에서 숫자 1과 문자 1이 어떻게 다른가요?**
>
> char ch = 1;
>
> char ch1 = '1';
>
> 문자 자료형에서 '숫자 1'을 대입하는 것과 '문자 1'을 대입하는 것에는 다른 의미가 있단다. '숫자 1'은 아스키 코드표의 1인 SOH 값 또는 정수형 자료인 1을 대입하는 것이고, '문자 1'은 아스키 코드의 49 값을 대입하는 것이 된단다.

다음 예제를 볼까?

```
printf("%c\n", ch1);
printf("%d\n", ch1);
```

값 A로 초기화된 ch1 변수를 %c를 이용해서 출력하면 문자로 출력하는 거니깐 A가 나오겠지. 그런데 %d를 이용해서 출력하면 어떨까? A에 해당하는 아스키 코드 값인 65가 화면에 찍히는 것을 확인할 수 있지? 결국, 우리가 입력하는 문자 값이 해당 문자의 아스키 코드 값을 가지고 있다는 것을 알 수 있겠지.

다음 예제를 볼까?

```
printf("%c\n", a);
printf("%c\n", a + 1);
```

변수 a는 정수형 변수로 초기값 65를 가지고 있는데 %c로 출력하면 65에 해당하는 아스키 코드 값인 A가 출력되는 것을 확인할 수 있어. 또한 변수 a에 1을 더하면 66 값을 가지게 되고, 이 값은 아스키 코드의 B에 해당하므로 문자 B가 출력되는 거란다.

다음 코드도 보자.

```
char ch2 = 65;
printf("%c\n", ch2);
```

문자형 변수 ch2는 65로 초기화되었지만 %c로 출력하는 경우에는 65의 아스키 코드인 A를 출력한단다.

이제 제어 코드를 확인해 볼 차례야.

[코드 2]를 작성해 보자.

[코드 2] 제어 코드의 활용

```
#include <stdio.h>
#include <stdlib.h>

int main()
{
    char ch1 = 'A';
    char ch2 = 'B';
    char CR = 13;      //ASCII 13은 Carriage Return
    char LF = 10;      //ASCII 10은 Line Feed
    char Bell = 7;

    printf("%c%c%c%c", ch1, CR, LF, ch2);
    printf("%c\n", Bell);

    system("pause");
    return 0;
}
```

코드를 저장한 후 실행하면 다음과 같은 결과가 나타날 거야.

```
A
B
(벨소리)
```

줄바꿈을 하기 위하여 printf() 문에서 이스케이프 문자 \n을 사용했어.

\n은 아스키 코드 값 13인 Carriage Return(캐리지 리턴)과 코드 값 10인 Line Feed(라인 피드)를 실행하는 것과 동일한 역할을 한단다.

이를 확인하기 위해 [코드 2]에서는 \n 대신 %c%c를 이용하여 아스키 코드 13과 아스키 코드 10을 출력해서 동일한 효과를 얻은 것이란다.

아스키 코드 7은 벨소리 제어 코드야. %c를 이용하여 코드 값 7을 출력하면 벨소리가 출력된단다. 소리가 안 나온다고? 스피커를 켜 볼까?

7.2 문자열

문자열(String; 스트링)은 '문자들의 열'을 의미하며 단위 문자들을 여러 개 합쳐서 문장으로 구성한 자료형이라고 볼 수 있단다.

3장에서 변수에 대해 이야기할 때 '문자열 데이터 형식'은 설명하지 않았지? 그 이유는 문자열은 문자들이 연속적으로 줄지어 있는 경우라고 생각할 수 있기 때문이야. 예를 들어 문자열 "AB"는 문자 'A'와 문자 'B'가 연속적으로 줄지어 있는 것이지.

문자열을 구성하기 위해서는 배열(array; 어레이)이라는 것을 설명해야 하는데, 이 부분은 조금 깊게 이야기를 해야 하니깐 12장 "배열의 활용" 부분에서 자세하게 설명하는 것으로 하고 지금은 간단하게 알아보도록 하자.

일단 [코드 3]을 작성해 보자.

[코드 3] 문자열의 활용(1)

```
#include <stdio.h>
#include <stdlib.h>

int main()
{
    char ch[255] = "HELLO";

    printf("%s\n", ch);

    system("pause");
    return 0;
}
```

코드를 저장한 후 실행하면 다음과 같은 결과가 나타날 거야.

> HELLO

문자 자료형을 선언할 때는 char이라고만 선언했는데 문자열을 입력하기 위해서는 'char[문자의 길이]' 형식으로 선언을 해야 한단다.

char[3] = "HELLO"라고 하면 어떻게 될까? 문자의 길이는 5인데 문자열 선언에서 글자의 길이를 3으로 선언했기 때문에 컴파일할 때 오류가 발생한단다. (실제로는 최소 '글자 수 + 1'의 길이만큼 필요한데 그 이유는 배열을 설명할 때 이야기할게.)

그리고 단순하게 문자를 초기화할 때는 작은따옴표(') 쌍을 이용했지만 문자열의 경우에는 큰따옴표(") 쌍을 사용해야 한다는 점도 기억하기 바래.

앞에서 데이터를 입력 받기 위해 scanf() 함수에 대해 배웠지. 문자열을 입력 받기 위하여 [코드 3]의 main() 부분을 다음과 같이 수정해 보자.

[코드 4] 문자열의 활용(2)

```
char ch[255] = "HELLO";

printf("INPUT STRING:");
scanf("%s", ch);
printf("%s\n", ch);
```

코드를 저장한 후 실행하면 다음과 같은 결과가 나타날 거야.

> INPUT STRING: MY NAME IS TOM⏎
> MY

문자열 변수 ch[255]를 "HELLO"로 초기화한 후, scanf() 함수에서 %s 인자를 이용하여 문자열을 입력받아 ch에 저장했어.

정수형 변수나 문자형 변수의 경우, scanf()를 이용하여 저장할 때 &기호를 붙여서 사용한다고 했는데 기억이 나지 않으면 4.3절 "키보드 입력 함수: scanf()"를 참조하기 바래. 문자열 변수의 경우에는 그냥 이름만 써준다는 점도 주의하기 바래(이유는 나중에 배열에서 설명할게).

그런데 실행을 해보니 우리가 원하는 결과와 조금 다르게 나오지?

기대한 결과 값은 MY NAME IS TOM이 전부 입력으로 처리된 후 동일하게 출력되기를 바랬는데 MY라는 문자만 찍혀 나온 걸 확인할 수 있을 거야.

이유가 뭘까? scanf() 함수의 %s 옵션은 스페이스나 엔터가 들어오기 전까지의 입력만을 받아 들이기 때문이야. 이를 막기 위해서는 서식 지정자를 %[^\n]s의 형식으로 지정하거나 gets() 함수를 사용하면 된단다.

확인하기 위해 [코드 4]를 다음과 같이 수정해 보자.

[코드 5] 문자열의 활용(3)

```c
char ch[255] = "HELLO";

printf("INPUT STRING:");
scanf("%[^\n]s", ch);
```

코드를 저장한 후 실행하면 다음과 같이 결과가 나타날 거야.

```
INPUT STRING: MY NAME IS TOM↵
MY NAME IS TOM
```

gets() 함수를 이용하는 방식은 [코드 6]과 같아.

[코드 6] 문자열의 활용(4)

```
char ch[255] = "HELLO";

printf("INPUT STRING:");
gets(ch);
printf("%s\n", ch);
```

7장을 마치며

이번 장에서는 문자열에 대해 알아보았어. 문자열은 문자가 연속적으로 연결되어 있는 형태라는 것을 알겠지!

scanf() 함수를 이용해서 문자열을 입력 받는 경우에는 스페이스나 엔터가 들어오기 전까지만 인식된다는 점을 꼭 기억하도록 하자.

다음 장에서는 변수와 대응하는 상수를 알아보자.

8장 상수란 무엇인가?

8.1 상수의 선언

8.2 DEFINE의 활용

8.3 enum의 활용

3장에서 변수란 '변하는 수(자료)'라고 이야기했었지? 이번 장에서는 변수와 비교되는 상수(항상 상-숫자 수)에 대해서 이야기하려고 해.

승준이는 원의 넓이나 원의 둘레를 구하는 방법을 알고 있지? 계산을 하기 위해 원주율($\pi=3.14$)을 사용하지? 이 값은 변하는 값이 아니라 원의 넓이나 둘레를 계산할 때 항상 고정되어 있는 숫자잖아. 이렇게 변하지 않고 항상 고정되어 있는 수를 상수(constant; 콘스턴트)라고 한단다.

8.1 상수의 선언

변수를 정해진 하나의 값으로 초기화하고, 그 변수에 다른 값을 새로 할당하지 않고 사용해야 할 경우가 있을 거야. 그런데 프로그래머가 실수로 그 변수에 새로운 값을 할당한다고 생각해 보자. 아마도 이상한 결과 값이 나오겠지? 이런 실수를 막기 위하여 변수와 달리 값을 변경할 수 없는 상수라는 개념을 도입했어.

[코드 1]을 작성하고 확인해 보자.

[코드 1] 상수의 선언과 활용

```
#include <stdio.h>
#include <stdlib.h>

int main()
{
    int a = 10;
    const float pi = 3.14;

    a = 30;
    pi = 3.14159;
}
```

코드를 저장한 후 실행하면 [Build Message]에 다음과 같은 오류가 나타날 거야.

> error: assignment of read-only variable 'pi'
> ⇨ 오류: 읽기 속성인 pi 변수에 값을 할당하려 함

정수형 변수인 a의 경우 초기에 값을 선언하고 그 값을 30으로 변경해도 문제가 되지 않아. 그런데 pi의 경우 const라는 예약어를 실수형 변수 앞에 붙여서 상수로 선언했어. 그래서 새로운 값인 3.14159를 할당하려고 하면 오류가 발생하는 거야.

8.2 DEFINE의 활용

프로그램 내부에 선언된 상수에 다른 값을 할당할 수 없다고 이야기했지? 그런데 상수가 함수 내부에 있으면 구분하기 어려운 점이 있어. 그래서 일반적으로 전처리기를 이용해서 상수를 선언한단다. (전처리기에 대해서는 2장에서 설명했으니 참고해.)

[코드 2]를 작성하고 확인해 보자.

[코드 2] DEFINE의 선언 및 원의 넓이 계산

```
#include <stdio.h>
#include <stdlib.h>

#define PI 3.14

int main()
{
    float area = 0.0;
    float radius = 0.0;

    printf("원의 반지름을 입력하세요:");
    scanf("%f", &radius);
    area = radius * radius * PI;
    printf("원의 넓이는 %f 입니다\n", area);

    system("pause");
    return 0;
}
```

코드를 저장한 후 실행하면 다음과 같은 결과가 나타날 거야.

```
원의 반지름을 입력하세요: 10
원의 넓이는 314.000000 입니다
```

위의 예에서는 const를 이용하여 상수를 선언하지 않았단다. #define PI 3.14가 있지! #define(디파인; 정의)을 이용하여 전처리기한테 PI의 값을 3.14로 정하겠다고 알려 준 거야.

이렇게 프로그램 코드 앞에 두면 실수할 가능성을 줄일 수 있다는 장점이 있어. 이외에 #define을 사용하는 데에는 더 큰 뜻이 있어.

원래 원주율은 3.141592…와 같이 소수점 무한대로 내려가는 값이야. 그런데 프로그램에서 3.14로 지정했지? 정밀도를 높이고 싶다면 #define PI 3.14를 #define PI 3.141592로 바꾸면 되겠지?

만약 프로그램 내부에서 원의 면적을 구하는 명령어를 area = radius * radius * 3.14; 로 작성했다면 어떻게 될까? 원주율을 적용한 모든 곳에서 3.14를 찾아서 3.14159로 일일이 바꿔야겠지?

이와 같이 상수는 한번 선언되면 바뀌지 않고 계속 사용할 수 있는 장점 이외에 값이 변하는 경우에도 상수로 선언한 부분만 변경하면 되는 편리함이 있어. 이게 상수를 선언해서 사용하는 기본적인 이유란다.

8.3 enum의 활용

enum(enumeration; 에뉴머레이션; 열거)은 열거(여러 가지 예나 값을 늘어 놓는 것) 형 상수 값을 갖는 변수 리스트(목록)을 만들 때 사용된단다. 말이 좀 어렵지? 뒤의 내용을 읽으면 이해할 수 있을 거야.

변수 리스트의 값을 '열거형 상수'라고 하고, 이를 하나의 변수처럼 사용할 수 있단다.

열거형 상수의 형식은 다음과 같아.

지정 형식

enum [열거형명] {상수명 1=상수 값,상수명 2=상수 값, … , 상수명 n=상수 값} [열거형 변수명];

사용 예

```
enum {A, B, C, D, E};              // 열거형명과 열거형 변수명을 모두 삭제
enum GRADE {A, B, C, D, E};        // 열거형명만 지정
enum {A, B, C, D, E} grade;        // 열거형 변수명만 지정
enum GRADE {A, B, C, D, E} grade;
enum {A=11, B, C};
enum {A=10, B=20, C=40};
```

위의 예에서 상수 값을 지정하지 않는 경우에는 0부터 1씩 증가하면서 자동으로 상수 값을 가진단다. enum {A, B, C, D, E};의 경우 A = 0, B = 1, C = 2, D = 3, E = 4의 값을 가지며 enum {A = 11, B, C};의 경우에는 A = 11, B = 12, C = 13을 가진단다. enum {A=10, B=20, C=40};는 각 상수에 상수 값을 대입한 경우야.

열거형 상수를 실습하기 위해 [코드 3]을 작성해 보자.

[코드 3] 열거형 상수 선언

```c
#include <stdio.h>
#include <stdlib.h>

int main()
{
    int sum = 0;

    /* [ENUM START] */
    enum {A, B, C, D, E};
    sum = A + B + C + D + E;
    printf("sum : %d\n", sum);
    /* [ENUM END] */

    system("pause");
    return 0;
}
```

코드를 저장한 후 실행하면 다음과 같은 결과가 나타날 거야.

```
sum : 10
```

초기 값을 부여하지 않았기 때문에 A의 값은 0이며, 그 이후에 상수 값으로 1씩 증가된 값이 들어간단다.

[코드 3]에서는 열거형 상수를 선언하면서 열거형 상수명만 부여했어. [코드 3]의 [ENUM START] ~ [ENUM END] 부분을 다음과 같이 수정하자.

```
enum {A=10, B, C=20, D, E};
printf("A : %d , B : %d , C : %d , D : %d , E : %d\n", A, B, C, D, E);
```

코드를 수정한 후 실행하면 다음과 같은 결과가 나타날 거야.

```
A : 10 , B : 11 , C : 20 , D : 21 , E : 22
```

위에서 열거형 상수를 선언하면서 상수 값을 지정할 때 B, D, E에는 상수 값을 대입하지 않았지? 이런 경우에는 앞에 있는 열거형 상수에 대입된 값을 기준으로 자동으로 1 증가된 값이 들어간단다.

코드를 다시 다음과 같이 수정해 보자.

```
enum GRADE {A, B, C, D, E} grade;
grade = C;
printf("grade : %d\n", grade);
```

코드를 수정한 후 실행하면 다음과 같은 결과가 나타날 거야.

```
grade : 2
```

열거형 변수 grade는 A, B, C, D, E를 값으로 갖는 GRADE라는 열거형을 의미한단다.

grade에 상수 C를 대입했고 상수 C가 갖는 상수 값 2가 입력된 것을 확인할 수 있어.

만약 grade = F;라고 하면 어떤 일이 벌어질까? F는 선언되지 않은 값이라는 것을 알리는 컴파일 오류가 발생한단다.

또한 C = 10;이라고 하면 어떻게 될까? 상수의 경우에는 선언한 값을 수정할 수 없다고 했지? 컴파일할 때 오류가 발생한단다.

8장을 마치며

이번 장에서 상수에 대해 알아보았어. 상수는 고정된 값으로, 프로그램 내부에서 변경할 수 없는 값이야. 자주 사용하는 값을 상수로 선언해 놓으면 값이 변할 때 선언 부분만 변경하면 되겠지. 그러면 전체 프로그램에 적용할 수 있어서 유용하다는 점을 기억하기 바래.

다음 장에서는 연산자를 자세히 설명할게.

9장 연산자의 활용

9.1 산술 연산자

9.2 비교 연산자

9.3 논리 연산자

9.4 비트 연산자

5장부터 7장까지 정수, 실수, 문자 자료형에 대해 알아보면서 연산자를 배웠지?

연산자를 이용해서 두 개의 피연산자(계산을 당하는 값)를 계산하는 방법도 배웠는데 이렇게 계산에 활용되는 연산자를 산술 연산자라고 해.

이번 장에서는 앞에서 잠깐 배운 산술 연산자를 자세히 살펴보고, 프로그래밍에서 사용되는 비교 연산자와 논리 연산자에 대해서도 알아볼 거야.

9.1 산술 연산자

C 언어에서 사용하는 산술 연산자를 정리하면 [표 1]과 같아.

연산자	자료형	의미
+	정수형, 실수형, 문자형	더하기
-	정수형, 실수형, 문자형	빼기
*	정수형, 실수형	곱하기
/	정수형, 실수형	나누기
%	정수형	나머지

[표 1] 산술 연산자

피연산자의 자료형에 따라 연산된 결과의 자료형이 결정되는데 [표 2]를 참고하기 바래.

연산자	자료형	연산 결과
+, -, *, /	정수 [연산자] 정수	정수형
	정수 [연산자] 실수	실수형
	실수 [연산자] 정수	실수형
	실수 [연산자] 실수	실수형

[표 2] 자료형에 따른 연산 결과의 자료형

1) 산술 연산자의 축약(복합 대입 연산자)

다음의 코드를 살펴보도록 하자.

[코드 1] 연산자의 축약

```
#include <stdio.h>
#include <stdlib.h>

int main()
{
    int a = 10;
    printf("%d\n", a);

    a = a + 20;
    printf("%d\n", a);

    system("pause");
    return 0;
}
```

저장하고 실행하면 다음과 같은 결과가 나타날 거야

```
10
30
```

위의 코드를 살펴보면 대입 연산자(=)의 왼쪽과 오른쪽에 동일한 변수 a가 사용되는 것을 볼 수 있지(a = a + 20;).

앞에서 대입 연산자를 중심으로 오른쪽은 값을 의미하고 왼쪽은 저장할 위치를 의미한다고 이야기했어.

코드가 의미하는 내용을 [그림 1]과 같이 정리할 수 있어.

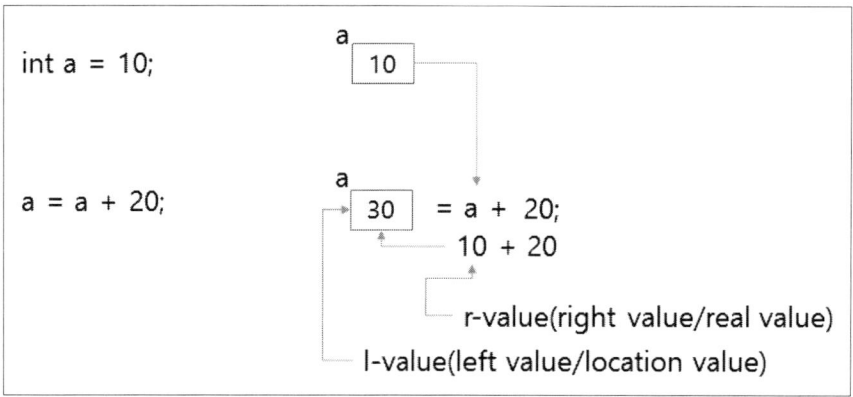

[그림 1] r-value와 l-value

대입 연산자(=)를 중심으로 오른쪽에 있는 변수를 r-value(알-밸류)라고 이야기하는데 다른 의미로는 오른쪽(right; 라이트) 값 또는 실제(real; 리얼) 값이라고 이야기 해.

오른쪽에 있는 변수는 변수가 가지고 있는 실제 값을 의미하는 거야. 결국 a + 20은 a 변수가 가지고 있는 실제 값인 10과 숫자 20을 더하라는 이야기이지.

대입 연산자(=)는 오른쪽 값을 왼쪽 변수에 넣는 역할을 한다고 했지? 그러면, 오른쪽에서 계산된 30이라는 값을 l-value(엘-밸류; 왼쪽(left; 레프트) 값) 또는 위치(location; 로케이션)에 저장하겠지.

C 언어에서는 이렇게 자기가 가지고 있는 변수에 어떤 처리를 해서 다시 집어넣는 경우가 많이 있는데 코딩량을 줄이기 위해 다음과 같이 축약해서 쓸 수 있어.

연산자 축약	원래 의미
a += 10;	a = a + 10;
a -= 10;	a = a - 10;
a *= 10;	a = a * 10;
a /= 10;	a = a / 10;

[표 3] 연산자 축약

연산자 축약에서 주의할 점은 왼쪽 변수와 오른쪽 변수가 동일한 경우에만 사용할 수 있는데 이점을 꼭 기억하자.

2) 단항 연산자(증감 연산자): ++, --

이항 연산자는 연산을 당하는 피연산자가 두 개라고 앞에서 이야기했었지? C 언어에서는 하나의 변수에 연산자를 적용할 수 있는데 이를 단항(항이 하나 있는) 연산자라고 하고 ++와 --가 있단다.

단항 연산자의 역할을 확인하기 위해 [코드 2]를 작성해 보자.

[코드 2] 단항 연산자의 활용

```c
#include <stdio.h>
#include <stdlib.h>

int main()
{
    int a = 10;
    ++a;
    printf("%d\n", a);

    int b = 20;
    printf("%d\n", --b);

    int c = 30;
    printf("%d\n", c++);
    printf("%d\n", c);

    system("pause");
    return 0;
}
```

저장하고 실행하면 다음과 같은 결과가 나타날 거야.

```
11
19
30
31
```

단항 연산자는 전위(앞에 위치하는) 연산자와 후위(뒤에 위치하는) 연산자로 구분할 수 있어.

[코드 2]는 전위 연산자의 역할과 후위 연산자의 역할을 확인하기 위해 작성한 코드야.

먼저, 아래 코드를 볼까?

```
int a = 10;
++a;
printf("%d\n", a);
```

연산자가 앞에 붙어 있는 것을 전위 연산자라고 하는데. ++a는 a의 값에 1을 더하라는 의미야. 즉, ++a는 a = a + 1과 동일한 역할을 하는 거야.

a가 10으로 초기화된 후 1을 더했기 때문에 a는 11의 값을 갖는 것이지. a의 값을 출력하면 예상대로 11이 출력되는 것을 확인할 수 있지.

아래 코드를 보자.

```
int b = 20;
printf("%d\n", --b);
```

정수형 변수 b의 경우 20으로 초기화한 후 단항 연산자 --를 바로 적용해서 화면에 출력했으니까 20에서 1을 뺀 19가 출력되는 것이란다.

다음 예제로 후위 연산자를 살펴볼까?

```
int c = 30;
printf("%d\n", c++);
printf("%d\n", c);
```

후위 연산자는 변수명 뒤에 ++나 --를 붙이는데 결과를 보면 처음 printf() 문에서는 변수 c의 값이 그대로 출력되지? 이상하네! c++이면 30+1이 되어 31이 출력되어야 하는데 왜 30이 출력되지?

후위 연산자는 연산자가 적용된 행의 코드가 실행된 다음에 마지막으로 적용되기 때문이야. 그래서 두 번째 printf()에서는 31이 출력되는 거지.

이해가 잘 안되면 위 코드의 동작을 풀어서 쓴 다음의 코드와 비교해 보자

```
int c = 30;
printf("%d\n", c);
c++;
printf("%d\n", c);
```

후위 연산자는 적용된 행이(코드가) 수행된 이후에 반영된다는 점을 반드시 기억하자. (실제 프로그램을 작성하면서 많이 실수하는 부분이야).

9.2 비교 연산자

실제 생활에서도 비교를 많이 하지? 예를 들자면 "만약 시험 점수가 90점이 넘으면 아빠가 장난감을 사주고 그렇지 않으면 문제집을 더 푼다"라는 문제가 있다면 판단의 기준이 되는 시험 점수와 90점을 비교해야겠지?

이렇게 비교를 하기 위한 연산자를 비교 연산자(또는 관계 연산자)라고 한단다.

[표 4]는 비교 연산자를 정리한 거야.

비교 연산자	의미	예제
>	~보다 크다(초과)	a > b
<	~보다 작다(미만)	a < b
>=	~보다 크거나 같다(이상)	a >= b
<=	~보다 작거나 같다(이하)	a <= b
==	같다	a == b
!=	같지 않다	a != b

[표 4] 비교 연산자의 활용

비교 연산자는 연산의 결과가 참(True; 트루)이면 1의 값을 반환하고, 거짓(False; 펄스)이면 0을 결과 값으로 가진단다.

비교 연산자의 활용 방법을 익히기 위해 [코드 3]을 작성해 보자.

[코드 3] 비교 연산자의 활용

```
#include <stdio.h>
#include <stdlib.h>

int main()
{
```

```c
    int a = 10;
    int b = 20;
    int result;

    result = (a > b);    /* [CODE 1] */
    printf("a > b : %d\n", result);

    result = (a < b);    /* [CODE 2] */
    printf("a < b : %d\n", result);

    result = (a == b);   /* [CODE 3] */
    printf("a == b : %d\n", result);

    result = (a != b);   /* [CODE 4] */
    printf("a != b : %d\n", result);

    b = 10;

    result = (a > b);    /* [CODE 5] */
    printf("a > b : %d\n", result);

    result = (a >= b);   /* [CODE 6] */
    printf("a >= b : %d\n", result);

    result = (a == b);   /* [CODE 7] */
    printf("a == b : %d\n", result);

    result = (a != b);   /* [CODE 8] */
    printf("a != b : %d\n", result);

    system("pause");
    return 0;
}
```

저장하고 실행하면 다음과 같은 결과가 나타날 거야.

```
a > b : 0
a < b : 1
a == b : 0
a != b : 1
a > b : 0
a >= b : 1
a == b : 1
a != b : 0
```

주석으로 달아 놓은 [CODE1]부터 [CODE8]까지 하나씩 살펴볼까.

[CODE 1]: 우측 항의 a 〉 b는 10 〉 20으로 처리되기 때문에 거짓이 되고, 거짓 값인 0이 result에 대입된단다.

[CODE 2]: 우측 항의 a 〈 b는 10 〈 20으로 처리되기 때문에 참이 되고, 참을 의미하는 1이 result에 대입되겠지.

[CODE 3]: 우측 항의 a == b는 10 == 20으로 처리되기 때문에 거짓이 되고, 거짓 값인 0이 result에 대입된단다. 주의할 점은 프로그램에서 =은 대입 연산자로 사용되기 때문에 값을 비교하기 위한 비교 연산자는 =가 두 개인 ==로 표시한다는 것이야.

[CODE 4]: 우측 항의 a != b는 10 != 20으로 처리되는데 10과 20은 같지 않기 때문에 참이 되고, 참 값인 1이 result에 대입돼.

[CODE 5]: 코드가 실행되기 전에 b의 값을 10으로 변경했기 때문에 우측 항의 a 〉 b는 10 〉 10으로 처리되고, 이는 거짓이기 때문에 거짓 값인 0이 result에 대입되겠지.

[CODE 6]: 우측 항의 a >= b는 10 >= 10으로 처리되고 10은 10보다 크거나 같기 때문에 (같은 부분에서 참) 참으로 처리되고, 참 값인 1이 result에 대입된단다.

[CODE 7]: 우측 항의 a == b는 10 ==10으로 처리되기 때문에 참이 되고, 참을 의미하는 1이 result에 대입된단다.

[CODE 8]: 우측 항의 a != b는 10 !=10으로 처리되기 때문에 거짓이 되고, 거짓 값인 0이 result에 대입돼.

9.3 논리 연산자

앞에서 배운 비교 연산자는 이항 연산자로 연산자 좌우의 값을 비교하는 것이었지? 그런데 우리가 실생활에서 단순하게 두 가지만 비교하는 것이 아니라 여러 가지를 비교하는 경우가 일반적이란다.

예를 들어 "수학 점수가 90점 이상이고 영어 점수가 90점 이상이면 장난감을 사준다"라는 조건이 있다고 생각해 보자.

이 문장은 "수학 점수 >= 90 그리고 영어 점수 >= 90"으로 생각할 수 있어. 즉, 비교해야 할 대상이 두 개이므로 중간에 '그리고'라는 단어가 들어가서 두 개의 문장을 동일한 조건으로 연결하는 거야. ('그리고'를 정확하게는 '접속 부사'라고 해. 단어, 구, 절, 문장 따위를 병렬로 연결하는 역할을 하는데 중학교 국어 문법 시간에 배울 내용이므로 단순하게 단어라고 이야기하자.)

이렇게 두 개 이상의 조건을 함께 비교하기 위해서 '그리고(and; 엔드)', '또는(or; 오알)', '거짓(not; 낫)'이라는 논리 연산자를 사용하게 된단다.

1) 논리곱 연산자(AND 연산자: &&)

"수학 점수가 90점 이상이고 영어 점수가 90점 이상이면"이라는 비교가 있다고 하자. 이 경우에 승준이는 수학 점수뿐만 아니라 영어 점수도 90점 이상이어야 조건에 만족하겠지?

수학 점수는 90점 이상인데 영어 점수가 89점이라면 조건에 만족하지 못하겠지? 이렇게 논리곱 연산자는 양쪽의 조건이 모두 참이어야만 참을 반환하고 조건을 하나라도 만족시키지 못하면 거짓을 반환한단다.

비교 항		연산 결과
a	b	a && b
참(true / 1)	참(true / 1)	참(true / 1)
참(true / 1)	거짓(false / 0)	거짓(false / 0)
거짓(false / 0)	참(true / 1)	거짓(false / 0)
거짓(false / 0)	거짓(false / 0)	거짓(false / 0)

[표 5] 논리곱 연산자

2) 논리합 연산자(OR 연산자: ||)

"수학 점수가 90점 이상이거나(또는) 영어 점수가 90점 이상이면"이라는 비교가 있다고 하자. 이 경우에 승준이는 수학 점수가 90점 이상이거나 영어 점수가 90점 이상이면, 즉 둘 중에 하나만 90점 이상이면 조건에 만족하는 거겠지?

수학 점수는 90점 이상인데 영어 점수가 89점이라도 조건에 만족하겠지? 이렇게 논리합 연산자는 양쪽의 조건 중 하나라도 참이면 결과 값이 참이고 둘 모두 조건을 만족하지 못하면 거짓을 반환한단다.

비교 항		연산 결과
a	b	a || b
참(true / 1)	참(true / 1)	참(true / 1)
참(true / 1)	거짓(false / 0)	참(true / 1)
거짓(false / 0)	참(true / 1)	참(true / 1)
거짓(false / 0)	거짓(false / 0)	거짓(false / 0)

[표 6] 논리합 연산자

3) 논리 부정 연산자(NOT 연산자: !)

논리 부정 연산자는 한 개의 조건에 대해 비교를 하는데 "승준이는 공부를 잘한다"의 반대(논리 부정)는 "승준이는 공부를 못한다"로 표현된단다. 즉, 비교해야 할 대상이 참(true/1)이면 결과로 거짓(false/0)을 반환하고 비교해야 할 대상이 거짓(false/0)이면 결과로 참(true/1)을 반환하는 연산자야.

비교 항	연산 결과
a	!a
참(true / 1)	거짓(false / 0)
거짓(false / 0)	참(true / 1)

[표 7] 논리 부정 연산자

지금까지 논리 연산자인 &&, ||, !의 기능을 알아 보았어.

이제 [코드 4]를 작성해서 확인해 보자.

[코드 4] 논리 연산자의 활용(1)

```
#include <stdio.h>
#include <stdlib.h>

int main()
{
    int a = 10;
    int b = 0;
    int result;

    result = (a && b);    /* [CODE 1] */
    printf("a && b : %d\n", result);

    result = (a || b);    /* [CODE 2] */
    printf("a || b : %d\n", result);
```

```
    result = !a;    /* [CODE 3] */
    printf("!a : %d\n", result);
    printf("!b : %d\n", !b);

    b = 10;
    result = (a && b);    /* [CODE 4] */
    printf("a && b : %d\n", result);

    system("pause");
    return 0;
}
```

저장하고 실행하면 다음과 같은 결과가 나올 거야.

```
a && b : 0
a || b : 1
!a : 0
!b : 1
a && b : 1
```

주석으로 달아 놓은 [CODE1]부터 [CODE4]까지 하나씩 살펴볼까.

[CODE 1]: 우측 항의 a && b는 10 && 0으로 처리되는데 논리합의 경우 양쪽의 값이 모두 참(1 이상의 값)을 가져야 참이므로 거짓으로 처리되고, 거짓 값인 0이 result에 대입된단다.

[CODE 2]: 우측 항의 a || b는 10 || 0으로 처리되는데 논리곱의 경우 양쪽 값 중 한쪽만 참(1 이상의 값)을 가지면 참이므로 참을 의미하는 1이 result에 대입되겠지.

9장 연산자의 활용   135

[CODE 3]: 우측 항의 !a는 !10으로 처리되는데 a 자체가 참이고 참의 논리 부정이기 때문에 거짓 값인 0이 result에 대입돼. 우측 항의 !b는 !0으로 처리되는데 b가 거짓 이므로 거짓의 논리 부정인 참 값 1이 result에 대입된단다.

[CODE 4]: b의 값을 10으로 변경한 후 우측 항의 a && b는 10 && 10으로 처리되는데 양쪽의 값이 모두 참(1 이상의 값)이므로 1이 result에 대입된단다.

위에서 알아본 논리 연산자는 두 개의 변수를 대상으로 해서 계산했는데 앞에서 배운 산술 연산자와 함께 사용되는 경우도 많단다.

[코드 5]를 작성해 보자.

[코드 5] 논리 연산자의 활용(2)

```c
#include <stdio.h>
#include <stdlib.h>

int main()
{
    int a = 10;
    int b = 20;
    int c = 30;
    int result;

    result = (a < b) && (b < c);    /* [CODE 1] */
    printf("(a < b) && (b < c) : %d\n", result);

    result = (a > b) && (b < c);    /* [CODE 2] */
    printf("(a > b) && (b < c) : %d\n", result);

    result = (a > b) || (b < c);    /* [CODE 3] */
    printf("(a > b) || (b < c) : %d\n", result);
```

```
    result = (a > b) || (b > c);    /* [CODE 4] */
    printf("(a > b) || (b > c) : %d\n", result);

    result = !(a > b);    /* [CODE 5] */
    printf("!(a > b) : %d\n", result);

    result = !(a < b);    /* [CODE 6] */
    printf("!(a < b) : %d\n", result);

    system("pause");
    return 0;
}
```

저장하고 실행하면 다음과 같은 결과가 나타날 거야.

```
(a < b) && (b < c) : 1
(a > b) && (b < c) : 0
(a > b) || (b < c) : 1
(a > b) || (b > c) : 0
!(a > b) : 1
!(a < b) : 0
```

주석으로 달아 놓은 [CODE 1]부터 [CODE 6]까지 하나씩 살펴볼까.

[CODE 1]: 우측 항의 a 〈 b는 10 〈 20이므로 참이고, b 〈 c는 20 〈 30이므로 참이고, 참과 참을 논리곱 연산자로 비교하기 때문에 참인 값 1이 result에 대입된단다.

[CODE 2]: 우측 항의 a 〉 b는 10 〉 20이므로 거짓이고, b 〈 c는 20 〈 30이므로 참이고, 참과 거짓을 논리곱 연산자로 비교하기 때문에 거짓(논리곱 연산자는 양쪽이 모두 참인 경우에 참)인 값 0이 result에 대입되겠지.

[CODE 3]: 우측 항의 a 〉 b는 10 〉 20이므로 거짓이고, b 〈 c는 20 〈 30이므로 참이고, 참과 거짓을 논리합 연산자로 비교하기 때문에 참(논리합 연산자는 한쪽 이상이 참인 경우에 참)인 값 1이 result에 대입된단다.

[CODE 4]: 우측 항의 a 〉 b는 10 〉 20이므로 거짓이고, b 〉 c는 20 〉 30이므로 거짓이고, 거짓과 거짓을 논리합 연산자로 비교하기 때문에 거짓인 값 0이 result에 대입된단다.

[CODE 5]: 우측 항의 a 〉 b는 10 〉 20이므로 거짓인데 논리 부정 연산자를 적용하므로 참인 값 1이 result에 대입돼.

[CODE 6]: 우측 항의 a 〈 b는 10 〈 20이므로 참인데 논리 부정 연산자를 적용하므로 거짓인 값 0이 result에 대입된단다.

9.4 비트 연산자

비트 연산자를 이해하고 활용하려면 이진수(binary number; 바이너리 넘버)라는 것부터 이해해야 하는데 내용이 조금 많고 복잡하니깐 18장에서 별도로 설명하는 것으로 하자.

(여기서 설명하면 너무 복잡한 이야기가 많이 나와서 포기하고 싶어질 거야. 아빠도 C 언어를 배울 때 비트 연산자부터 혼동이 생겨서 바로 뒤의 내용부터 진도 나가기가 힘들었거든^^;;

9장을 마치며

이번 장에서는 컴퓨터가 주어진 일을 하는 과정에서 필요한 작업을 처리하는 기본적인 연산자들을 살펴보았어. 단순한 계산을 위한 산술 연산자, 값을 비교하기 위한 비교 연산자, 참과 거짓을 구별할 수 있는 논리 연산자에 대해 알아보았다.

우리가 어떤 일을 처리하기 위해서는 항상 조건을 비교하고 조건에 맞는 경우에 할 처리와 그렇지 않은 경우에 할 일을 구분하는 과정이 필요해(인생이 선택의 연속인 것처럼^^).

다음 장에서는 산술, 비교, 논리 연산자를 이용하여 조건을 판단하는 방법에 대해 알아보도록 하자.

10장 조건문의 활용

10.1 조건문: if⋯else

10.2 조건문: switch⋯case

앞 장에서 비교 연산자와 논리 연산자에 대해 알아보았어.

프로그래밍은 데이터를 입력받은 후, 입력받은 데이터를 프로그램 목적에 맞게 처리하고, 그 결과 값을 출력하는 세 단계를 거친다고 했지?

데이터를 처리할 때 여러 부분을 비교하고, 비교 결과에 따라 정해진 절차들을 수행한단다.

승준이는 실제 상황에서 여러 가지 대안을 놓고 고민하다가 한 가지 결정을 할 때가 있지?

아빠가 심부름을 시키면서 버스를 타고 가라고 했는데 배가 너무 고픈거야. 주머니에는 아빠가 버스 타고 가라고 준 천 원짜리 한 장이 있는 상태고. 그러면 승준이는 아마도 '내가 걸어갈 수 있는 거리인가?', '아빠가 도착하라고 한 시간까지 걸어서 갈 수 있을까?', '내가 지금 걸어갈 충분한 힘이 있는가?' 등을 고민한 다음에 편의점에서 사발면을 먹고 걸어갈지, 아니면 심부름을 빨리 하고 집에 와서 밥을 먹을지를 결정하겠지?

프로그램에서도 마찬가지로 여러 경우에 따라 처리해야 할 과정을 선택하게 해야 한단다. 이럴 때 사용하는 구문이 if(이프; 만약)라는 조건문이야.

> **아빠~**
>
> **구문이 뭐에요?**
>
> 함수(function)는 특정 기능을 수행하기 위해 사용하는 모듈(module: 입력 값을 받아 특정 처리를 하고 결과 값을 반환하는 기능)이야.
>
> 반면에 조건문이나 반복문 등과 같은 구문(statement; 스테이트먼트)은 특정 기능을 수행하기 위해 함수 안에서 사용되는 명령어야. 일반적으로 구문과 그에 따른 블록({ 와 } 쌍으로 둘러 쌓인 부분)으로 구성된단다.

10.1 조건문: if…else

조건문을 알아보기 위해 위에서 설명한 예를 정리해 보자.

만약 내가 걸어갈 수 있는 거리라면 사발면을 먹고 걸어가고 그렇지 않으면 버스를 탄다

if (내가 걸어갈 수 있는 거리:조건식)   // 만약 (내가 걸어갈 수 있는 거리라면)
{
    편의점에서 사발면을 먹는다;
    걸어간다;
}
else   // 그렇지 않으면
{
    버스를 탄다;
}

위의 예를 일반화하면 조건문의 사용 형식을 다음과 같이 정리할 수 있어.

지정 형식
if (조건식)
{
    조건식이 참인 경우에 실행하는 명령어 1;
    조건식이 참인 경우에 실행하는 명령어 2;
    …
    조건식이 참인 경우에 실행하는 명령어 N;
}
else
{
    조건식이 거짓인 경우에 실행하는 명령어 1;
    조건식이 거짓인 경우에 실행하는 명령어 2;
    …
    조건식이 거짓인 경우에 실행하는 명령어 N;
}

여기서 else 이하의 블록은 조건식이 거짓인 경우에 처리하는데, 항상 조건에 맞는 경우에만 실행하고자 한다면 else 이하의 코드는 작성하지 않아도 된단다.

자 그럼 조건문을 사용하는 예를 확인하기 위해 [코드 1]을 작성해 보자.

[코드 1] 조건문의 활용

```c
#include <stdio.h>
#include <stdlib.h>

int main()
{
    int math_score = 90;
    int english_score = 89;

    /* [CODE 1] */
    if (math_score >= 90)
    {
        // [CODE 1-1]
        printf("수학 공부를 매우 잘함\n");    // 참(수학 점수가 90 이상)인 경우
    }
    else
    {
        // [CODE 1-2]
        printf("수학 공부를 조금 더...\n");    // 거짓(수학 점수가 90 미만)인 경우
    }

    /* [CODE 2] */
    if (english_score >= 90)
    {
        printf("영어 공부를 매우 잘함\n");    // 참(영어 점수가 90 이상)인 경우
    }
    else
    {
```

```
        printf("영어 공부를 조금 더...\n");    // 거짓(영어 점수가 90 미만)인 경우
    }

    system("pause");
    return 0;
}
```

코드를 저장한 후 실행하면 다음과 같은 결과가 나타날 거야.

```
수학 공부를 매우 잘함
영어 공부를 조금더...
```

위의 예에서는 정수형 변수인 math_score와 english_score를 선언한 후 초기 값으로 90과 89를 대입했어. 그리고 [CODE 1]과 [CODE 2], 두 개의 조건식을 만들고 처리했단다.

[CODE 1]과 [CODE 2]를 자세히 살펴볼까?

- [CODE 1]: if 문을 이용하여 조건문을 시작하고 조건식으로는 (math_score >= 90)을 사용했지? 즉, math_score가 90 이상이면 [CODE 1-1]이 실행되고, 그렇지 않으면(else) [CODE 1-2]가 실행되는 구조야. 현재 math_score는 90이므로 [CODE 1-1]이 실행되어서 "수학 공부를 매우 잘함"이라는 문자열이 출력된단다.

- [CODE 2]: if 문을 이용하여 조건문을 시작하고 조건식으로는 (english_score >= 90)을 사용했지? 즉, english_score가 90 이상이면 참인 블록이 실행되고, 그렇지 않으면(else) 거짓인 블록이 실행된단다. 현재 english_score는 89이므로 조건에 만족하지 않아 거짓이니까 "영어 공부를 조금 더…"라는 문자열이 출력된단다.

그런데 학기말에 성적표를 받아 보면 점수에 따라서 '매우 잘함', '잘함', '보통' 등으로 나오지? 만약 하나의 변수 값이 조건에 따라 여러 가지 결과를 출력해야 한다면 어떻게 처리해야 할까? 일단, 이런 상황을 다음과 같이 표현할 수 있어.

```
if (조건식 1)
{
    조건식 1이 참인 경우에 실행하는 블록
}
else if (조건식 2)
{
    조건식 2가 참인 경우에 실행하는 블록
}
else
{
    조건식 1과 2를 모두 만족하지 않는 경우 실행하는 블록
}
```

자 그럼 여러 개의 조건문을 이용하는 예를 확인하기 위해 [코드 2]를 작성해 보자.

[코드 2] 여러 조건문의 활용

```c
#include <stdio.h>
#include <stdlib.h>

int main()
{
    int math_score = 73;

    if (math_score >= 90)
    {
        printf("매우 잘함\n");    // math_score가 90 이상인 경우 실행
    }
    else if (math_score >= 80)
    {
```

```
      printf("잘함\n");        // math_score가 80 이상인 경우 실행
   }
   else if (math_score >= 70)
   {
      printf("보통\n");        // math_score가 70 이상인 경우 실행
   }
   else
   {
      printf("노력 요함\n");        // math_score가 70 미만인 경우 실행
   }

   system("pause");
   return 0;
}
```

코드를 저장한 후 실행하면 다음과 같은 결과가 나타날 거야.

```
보통
```

[코드 2]에서 정수형 변수 math_score는 73으로 초기화했지? 그러면 처음 if 문의 조건식인 math_score >= 90은 거짓이 되기 때문에 참인 코드가 실행되지 못하고 다음 조건식인 math_score >= 80으로 이동한단다.

math_score의 점수가 73이므로 역시 거짓이 될 것이고 다음 조건식인 math_score >= 70으로 이동하면 참이 되지. 그러면 printf("보통\n");이 실행되어서 결과 값으로 '보통'이 출력된단다.

여기서 한 가지 주의할 점이 있어. if…else if…else 구문의 경우 처음 나온 조건식에서 만족하면 그 이후의 조건식은 검토도 하지 않고 블록을 빠져 나온다는 것이야.

만약 코드를 다음과 같이 작성하면 항상 '노력 요함'이 나올 거야.

```
#include <stdio.h>
#include <stdlib.h>

int main()
{
    int math_score = 73;

    if (math_score >= 0)
    {
        printf("노력 요함\n"); // math_score가 0 이상인 경우 실행
    }
    else if (math_score >= 70)
    {
        printf("보통\n"); // math_score가 70 이상인 경우 실행
    }
    else if (math_score >= 80)
    {
        printf("잘함\n");       // math_score가 80 이상인 경우 실행
    }
    else if (math_score >= 90)
    {
        printf("매우 잘함\n");    // math_score가 90 이상인 경우 실행
    }
    system("pause");
    return 0;
}
```

사실 [코드 2]를 if…else 구문만으로도 구현할 수 있어. 그러면 [코드 3]과 같이 상당히 보기 힘든 형태로 되겠지.

[코드 3] 조건문 내의 조건문

```c
#include <stdio.h>
#include <stdlib.h>

int main()
{
    int math_score = 73;

    if (math_score >= 90)
    {
        printf("매우 잘함\n");
    }
    else
    {
        if (math_score >= 80)
        {
            printf("잘함\n");
        }
        else
        {
            if (math_score >= 70)
            {
                printf("보통\n");
            }
            else
            {
                printf("노력 요함\n");
            }
        }
    }

    system("pause");
    return 0;
}
```

[코드 2]와 [코드 3]은 동일한 결과를 출력하지만 [코드 2]가 훨씬 더 보기 편하게 작성되어 있지? 프로그램이 결과 값을 정확하게 내는 것도 중요하지만, 남이 봐도 알아보기 쉽게 작성하는 것도 중요하단다. 프로그램을 복잡하게 짜면 나중에 오류가 있을 때 어느 부분에 문제가 있는지 찾기 힘들기 때문이야.

10.2 조건문: switch…case

앞 절에서 조건문을 사용하는 방법으로 if…else와 if…else if…else에 대해 알아 보았는데, C 언어에는 변수의 값과 특정 값(상수)을 비교할 수 있는 switch(스위치)…case(케이스) 문이 있단다.

swtich…case 문의 형식은 다음과 같아.

지정 형식

```
switch (변수)
{
case 상수 1:
   상수 1과 변수가 같은 경우 실행 1;
    …
   상수 1과 변수가 같은 경우 실행 N;
   break;
case 상수 2:
   상수 2와 변수가 같은 경우 실행1;
    …
   상수 2와 변수가 같은 경우 실행 N;
   break;
…
case (상수 N):
   상수 N과 변수가 같은 경우 실행 1;
    …
   상수 N과 변수가 같은 경우 실행 N;
   break;
default:
   모든 상수와 변수가 같지 않은 경우 실행 1;
    …
   모든 상수와 변수가 같지 않은 경우 실행 N;
   break;
}
```

예를 확인하기 위해 [코드 4]를 작성해 보자.

[코드 4] 변수 값과 상수의 비교: switch…case

```c
#include <stdio.h>
#include <stdlib.h>

int main()
{
    char math_grade = 'B';

    switch(math_grade)
    {
        case 'A':
            printf("매우 잘함\n");
            break;
        case 'B':
            printf("잘함\n");
            break;
        case 'C':
            printf("보통\n");
            break;
        default:
            printf("노력 요함\n");
            break;
    }
    system("pause");
    return 0;
}
```

코드를 저장한 후 실행하면 다음과 같은 결과가 나타날 거야.

```
잘함
```

if 문의 경우, 조건식에서 비교 연산자를 이용하여 비교할 대상을 여러 가지 방식으로 비교할 수 있어. 그러나 switch의 경우에는 그런 비교문을 구성하는 것이 불가능해. 하지만 switch…case 문을 이용하면 비교할 대상이 특정 값만 가지는 경우에 프로그램을 좀더 알아보기 쉽게 짤 수 있단다. 처리되는 결과는 똑같지만 프로그램 코드를 좀더 알아보기 쉽게 구성하는 것도 중요하니깐 기억하기 바래.

10장을 마치며

이번 장에서는 특정 조건에 맞는 처리를 하기 위한 방법에 대해 알아 보았어. 프로그램에서 있어서 입력과 출력을 제외한 처리 부분에서 조건문은 상당히 중요한 역할을 한단다. 앞 장에서 배운 비교 연산자나 논리 연산자와 함께 사용하는 방법을 반드시 이해하고 넘어가야 한단다.

다음 장에서는 조건문만큼 많이 사용되는 반복문을 살펴보자.

11장 반복문의 활용

11.1 for 문

11.2 while 문

11.3 do…while 문

11.4 분기의 활용: break, continue, goto

앞 장에서 조건에 따라 특정 작업을 처리하는 방법을 알아 보았지?

프로그램을 작성할 때 조건문과 함께 많이 쓰이는 것이 반복문이란다. 반복문은 말 그대로 어떤 조건이 만족하는 동안 계속해서 반복 수행한단다.

화면에 * 문자를 100개 출력해야 한다면 어떻게 해야 할까? 기존에 배웠던 방식을 이용한다면 아마 [코드 1]과 같이 작성해야 하겠지?

[코드 1] 반복문을 사용하지 않은 경우

```
#include <stdio.h>
#include <stdlib.h>

int main()
{
    printf("*\n");
    printf("*\n");
    printf("*\n");
    // ... 중간 생략
    printf("*\n");

    system("pause");
    return 0;
}
```

printf() 함수를 복사해서 100번 붙여넣기를 하거나 직접 타이핑해야 할거야. 그런데 100번이 아니라 천 번, 만 번이라면 코드 작성하기도 힘들고 개수를 세는 것조차 너무 힘들겠지.

이런 힘든 것을 간단하게 처리하기 위해 C 언어에서는 for, while, do…while 같은 반복문을 제공한단다.

11.1 for 문

for 반복문은 다음과 같은 구조로 구성된단다.

> **지정 형식**
> ```
> for (초기식; 조건식; 블록 마지막 수행식)
> {
>    코드 1;
>    ...
>    코드 N;
> }
> 코드;
>
>
> // 위의 코드와 동일한 형식
> 초기식;
> for ( ; 조건식; )
> {
>    코드 1;
>    ...
>    코드 N;
>    블록 마지막 수행식;
> }
> 코드;
> ```

그림으로 표현하면 다음과 같이 된단다.

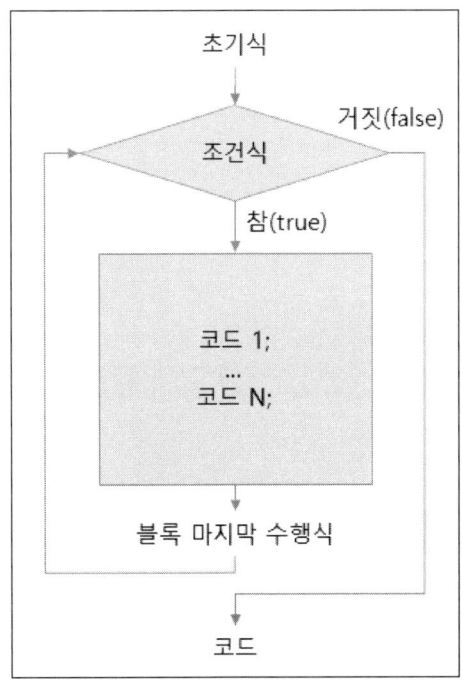

[그림 1] for 문의 논리적 구조

초기식, 조건식, 블록 마지막 수행식 같은 용어가 나오는데, 다음과 같이 요약할 수 있어.

- 초기식: 초기식은 for 문을 수행하기 전에 실행되는 코드로 for 구문의 조건식에 사용할 변수를 초기화하는 용도로 사용된단다.

- 조건식: 조건식은 for 문의 블록(코드 1, …, 코드 N)을 수행할지 하지 말지를 판단하는 조건을 지정한단다. 판단 조건이 참(true)이면 조건식 내부의 블록을 수행하고, 거짓(false)이면 조건식 블록을 수행하지 않고 조건식 블록을 빠져 나간단다.

- 블록 마지막 수행식: 조건식 블록의 맨 마지막에 수행할 코드가 들어간단다. 주로 지정한 횟수만큼 반복을 한 후 조건식을 거짓으로 만들기 위해 사용해.

위의 구조에서 for 문이 참일 때 실행되는 코드의 블록을 'for loop(루프)'라고 부른단다. loop의 사전적 의미는 '고리'인데, for 문의 조건이 만족할 때 수행되는 명령문 블록이 마치 고리처럼 연결되어 있어서 계속 반복된다는 의미야.

for 문을 이용해서 [코드 1]을 수정하면 [코드 2]와 같은 형식이 된단다.

[코드 2] for 문을 사용한 반복

```
#include <stdio.h>
#include <stdlib.h>

int main()
{
   int i;

   for (i=0; i<100; i++)
   {
      printf("* - [%d]\n", i);
   }
   system("pause");
   return 0;
}
```

코드를 저장한 후 실행하면 다음과 같은 결과가 나타날 거야.

```
* - [0]
* - [1]
… 중간 생략
* - [98]
* - [99]
```

위의 코드에서 정수형 변수 i의 초기 값을 0으로 했어. 그리고 i의 값이 100보다 작은 동안 printf() 함수를 반복 수행하게 했는데, printf() 함수를 수행한 후에는 i의 값이 1씩 증가(i++)되도록 for 문을 구성했단다. 즉, printf() 문이 한번씩 실행되고, i의 값이 100이 되는 순간 for 문은 종료하는 거지.

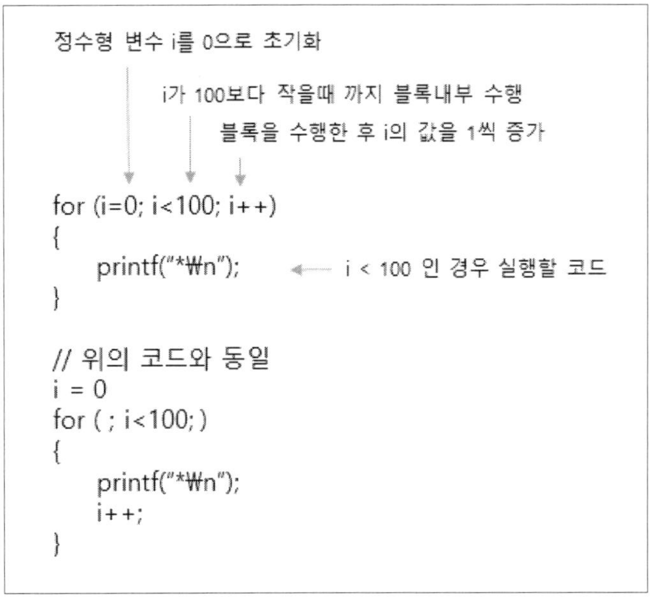

```
         정수형 변수 i를 0으로 초기화
                    i가 100보다 작을때 까지 블록내부 수행
                         블록을 수행한 후 i의 값을 1씩 증가
         ↓          ↓          ↓
for (i=0; i<100; i++)
{
    printf("*\n");    ← i < 100 인 경우 실행할 코드
}

// 위의 코드와 동일
i = 0
for ( ; i<100; )
{
    printf("*\n");
    i++;
}
```

[그림 2] for 문의 구성

[그림 2]에서 표현했듯이 for 문의 초기식을 for 문 앞에 구성할 수 있단다. 그리고 블록 마지막 수행식을 블록의 맨 마지막에 넣어도 동일한 효과를 낼 수 있단다.

아빠~

초기식 안에 변수를 선언할 수 있나요?

좋은 질문이야. 초기식을 지정할 때 변수를 선언하고 초기화까지 할 수 있어. 아래 예를 볼까?

```
for (int i=0; i<100; i++)
{
   printf("*\n");
   i++;
}
```

위와 같이 초기식에서 사용할 변수의 값을 for 구문 내부에서 선언할 수 있는데 실행을 시키면 error: 'for' loop initial declarations are only allowed in C99 or C11 mode[오류: 'for' 루프의 변수 초기화 선언은 C99 또는 C11 모드에서만 허용합니다]라는 메시지가 나오면서 컴파일 오류가 발생한단다. C99 방식은 코드를 간결하게 사용하기 위해 사용하는 형식으로 우리가 사용하는 코드블록에서는 C99 방식 코딩을 기본적으로는 지원하지 않아. C99 방식의 컴파일을 지원하기 위해서는 메뉴에서 [Settings] > [Compiler]를 선택한 후 [그림 3]과 같이 gcc 컴파일러가 1999 ISO 표준을 지원하도록 -std=c99 옵션을 선택해야 한단다.

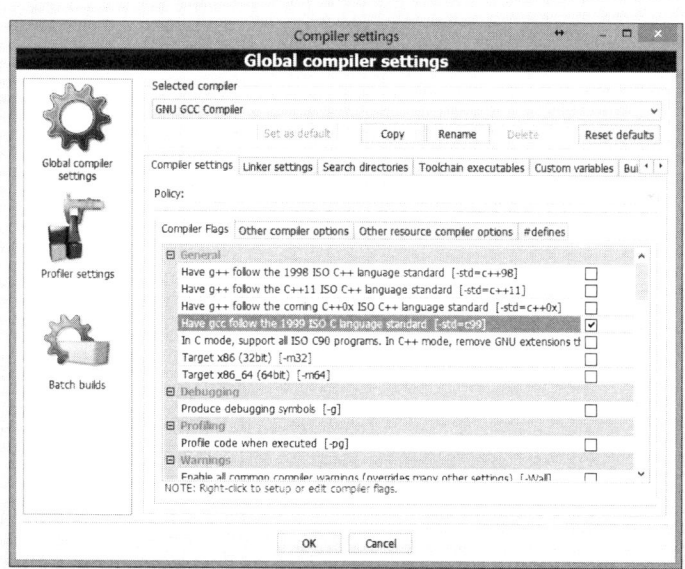

[그림 3] 코드블록의 1999 ISO Standard 지원

앞에서 조건문을 설명할 때 조건문의 블록 내부에 또 다른 조건문이 들어갈 수 있다는 것을 배웠는데 기억하니? 그와 마찬가지로 for 문 내부에 또 다른 for 문을 중복해서 사용할 수 있단다.

확인하기 위해 [코드 3]을 작성해 보자.

[코드 3] for 문을 중복으로 사용해서 구구단 출력

```
#include <stdio.h>
#include <stdlib.h>

int main()
{
   int i = 0;
   int j = 0;

   for (i = 2; i <= 9; i++)
   {
      for (j = 1; j <= 9; j++)
      {
         printf("%d * %d = %d\n", i, j, i*j);
      }
   }
   system("pause");
   return 0;
}
```

코드를 저장한 후 실행하면 다음과 같은 결과가 나타날 거야.

```
2 * 1 = 2
2 * 2 = 4
… 중간 생략
9 * 8 = 72
9 * 9 = 81
```

그림으로 표현하면 아래와 같아.

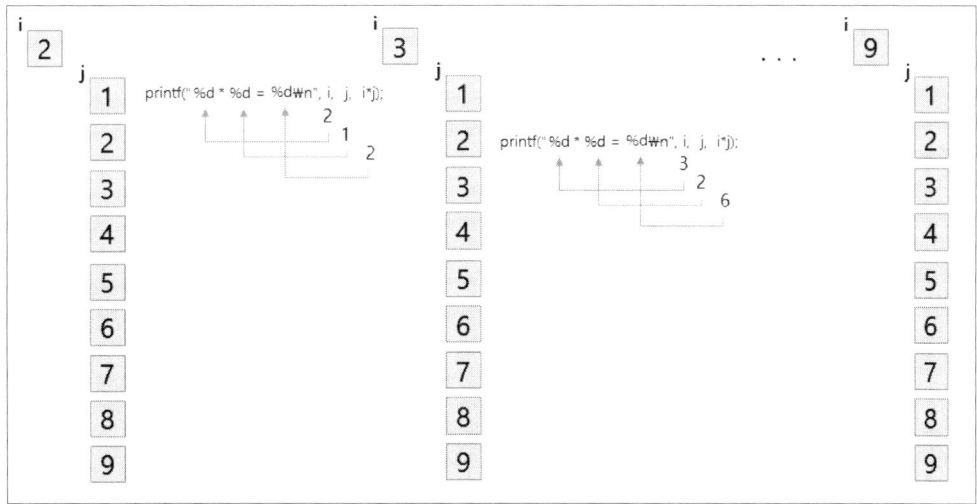

[그림 4] 중첩 반복문의 변수 값 변화

[코드 4]에서 i의 값이 2부터 9까지 증가하면서 loop(루프)를 수행한단다. 루프 내부를 보면, j의 값이 1부터 9까지 증가하면서 printf() 함수를 수행하는 구조로 되어 있지? 이는 2단부터 9단까지의 구구단을 프로그램으로 구현한 것이란다.

먼저 각 단에 해당하는 i 변수를 지정했고, 각 단에서 1부터 9까지 곱하기를 하기 위해 j 변수를 만들고, 값을 1씩 증가시키면서 연산을 수행한 거란다.

이렇게 반복문을 사용하면 복잡한 코드를 단순하게 처리할 수 있는 장점이 있어.

11.2 while 문

앞 절에서 for를 이용해서 반복문을 구성하는 방법에 대해 알아보았지? 이번 절에서는 while 문의 사용 방법을 알아볼 거야.

반복문을 하나만 배워도 될 거 같은데 또 다른 방법을 배우는 이유는 뭘까?

for가 주로 증감 연산자(++ 또는 --)를 이용하여 특정 횟수만큼 반복할 때 유용하다면 while의 경우 조건식을 가지고 반복문을 처리할 때 유용하단다.

지정 형식
```
while (조건식)
{
   코드 1;
    ...
   코드 N;
}
코드;
```

순서도로 표시하면 다음과 같아.

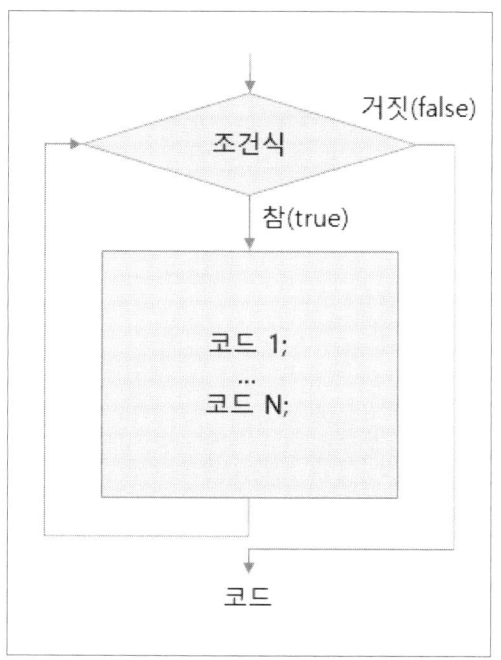

[그림 5] while 문의 논리적 구조

조건식을 다음과 같이 정리할 수 있어.

- 조건식: 조건식은 while 문의 블록(코드 1, …, 코드 N) 부분을 수행할 판단 조건을 지정한단다. 판단 조건이 참(true)이면 조건식 내부의 블록을 수행하고, 거짓(false)이면 조건식 블록을 빠져 나간단다.

for 문이 사용된 [코드 2]를 while 문을 사용하는 것으로 변경하면 [코드 4]와 같이 된단다.

[코드 4] while 문을 사용한 반복

```
#include <stdio.h>
#include <stdlib.h>

int main()
{
   int i= 0;
   while (i< 100)
   {
      printf("*-[%d]\n", i);
      i++;
   }
   system("pause");
   return 0;
}
```

코드를 저장한 후 실행하면 다음과 같은 결과가 나타날 거야.

```
* - [0]
* - [1]
... 중간 생략
* - [98]
* - [99]
```

while 문의 경우 초기 변수 값을 지정하는 부분이 없기 때문에 정수형 변수 i를 0으로 초기화한 후 while 문 블록을 수행하도록 구성되어 있지?

while 루프에서는 for 루프 예제에서 보여준 것처럼 *를 출력하고 i의 값을 증가하기 위해 증가 연산자(++)를 이용하여 하나씩 증가시켰어.

while 문을 이용해서 [코드 3]과 같은 기능을 수행하는 코드를 작성할 수 있어. [코드 5]와 같이 하면 된단다.

[코드 5] while 문을 중복으로 사용한 구구단 출력

```
#include <stdio.h>
#include <stdlib.h>

int main()
{
  int i = 2;
  int j = 1;
  while (i <= 9)
  {
    while (j <= 9)
    {
      printf("%d * %d = %d\n", i, j, i*j);
      j++;
    }
    j = 1;    // 초기화를 해주지 않으면 j의 값은 10인 상태가 되므로 위의 while문이
              // 거짓이 된다
    i++;
  }

  system("pause");
  return 0;
}
```

코드를 저장한 후 실행하면 다음과 같은 결과가 나타날 거야.

```
2 * 1 = 2
2 * 2 = 4
… 중간 생략
9 * 8 = 72
9 * 9 = 81
```

[코드 5]의 while 루프에서 j 값이 9까지 증가한 후 조건식이 거짓이 되어 루프를 빠져 나올 때 j = 1;로 다시 초기화되는데 이렇게 하지 않으면 j 값은 항상 10이 되어 3단부터 출력되지 않으므로 조심해야 한단다.

11.3 do…while 문

do…while 문은 while 문과 달리 조건식이 하단에 있어서 루프가 적어도 한번은 수행된단다.

지정 형식은 다음과 같아.

```
지정 형식
do {
   코드 1;
    …
   코드 N;
} while (조건식)
코드;
```

순서도는 다음과 같아.

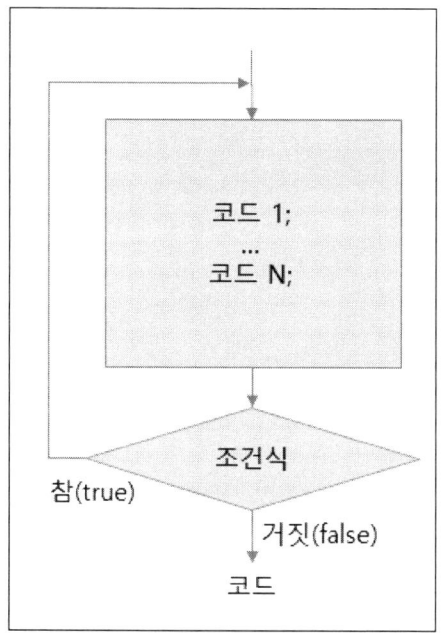

[그림 6] do…while 문의 논리적 구조

조건식은 다음과 같은 역할을 맡는단다.

- 조건식: 판단 조건이 참(true)이면 do 블록의 처음으로 이동하고, 거짓(false)이면 조건식 블록을 빠져 나간단다.

for 문을 이용한 [코드 2]를 do…while 문으로 변경하면 [코드 6]과 같이 된단다.

[코드 6] do...while 문을 사용한 반복

```
#include <stdio.h>
#include <stdlib.h>

int main()
{
    int i = 0;

    do {
        printf("* - [%d]\n", i);
        i++;
    } while (i < 100);

    system("pause");
    return 0;
}
```

코드를 저장한 후 실행하면 다음과 같은 결과가 나타날 거야.

```
* - [0]
* - [1]
… 중간 생략
* - [98]
* - [99]
```

do…while 문의 경우 루프의 초기에 비교식이 없기 때문에 적어도 한번은 수행이 된다고 했지?

만약 i의 초기 값이 100이었다면 어떻게 될까? while 문의 경우 처음에 비교식이 있기 때문에 코드가 수행되지 않고 while 루프를 빠져 나오겠지만 do…while의 경우에는 * - [100]이라는 값이 한번 출력된 후 루프를 빠져 나올 거야. 이것이 while과 do…while의 차이이므로 반드시 기억하기 바래.

[코드 3]을 do…while 문을 사용하는 걸로 수정하면 다음과 같이 돼.

[코드 7] do…while 문을 중복으로 사용해서 구구단 출력

```c
#include <stdio.h>
#include <stdlib.h>

int main()
{
    int i = 2;
    int j = 1;

    do {
        do {
            printf("%d * %d = %d\n", i, j, i*j);
            j++;
        } while (j <= 9);
        j = 1;
        i++;
    } while (i <= 9);

    system("pause");
    return 0;
}
```

코드를 저장한 후 실행하면 다음과 같은 결과가 나타날 거야.

```
2 * 1 = 2
2 * 2 = 4
… 중간 생략
9 * 8 = 72
9 * 9 = 81
```

11.4 분기의 활용: break, continue, goto

앞에서 반복문에 대해 알아보면서 조건식을 만족하지 않으면 루프(블록)를 빠져 나온다는 사실을 배웠지? 그런데 프로그래밍을 하다 보면 루프를 돌다가 중간에 빠져 나와야 할 때가 있단다. 이런 경우 break(브레이크; 멈춤) 문, continue(콘티뉴; 계속) 문, goto(고우투; 이동) 문을 사용한단다.

1) break의 사용

break의 사전적 의미는 '멈추다'지? 자동차 브레이크를 생각하면 쉽게 이해가 될 거야. 반복문 실행 중에 break;를 만나면 블록 내의 실행을 멈추고 해당 블록을 빠져 나온단다.

[코드 8]의 예를 살펴 보자.

[코드 8] break의 활용

```
#include <stdio.h>
#include <stdlib.h>

int main()
{
    int i = 0;

    for (int i=0; ; i++)
    {
        if (i >= 100)
        {
            break;
        }
        printf("%d\n", i);
    }
```

```
    system("pause");
    return 0;
}
```

저장하고 실행하면 다음과 같은 결과가 나타날 거야.

```
1
2
... 중간 생략
98
99
```

[코드 8]에서 for 문의 조건식 부분이 빠져 있는 것을 확인할 수 있지? 조건식 부분을 if 문으로 구성하고 특정 조건(100보다 크거나 같을 경우)에서 루프를 빠져 나오도록 구성한 거야.

while 문을 이용하면 어떻게 될까?

[코드 9]와 같이 작성할 수 있어.

[코드 9] while 내에서 break의 활용

```
#include <stdio.h>
#include <stdlib.h>

int main()
{
    int i = 0;

    while(1)
    {
        if (i >= 100)
```

```
        {
            break;
        }
        printf("%d\n", i);
        i++;
    }
    
    system("pause");
    return 0;
}
```

[코드 9]에서 while 문의 조건식을 보면 1이라는 값이 입력되어 있지. C 언어에서 값 1은 항상 참을 의미하고 값 0은 항상 거짓을 의미한다고 했지? 즉 while 루프는 해당 블록을 무한 반복한다는 의미가 되겠지.

이런 코드를 '무한 루프'라고 하는데 무한 루프가 되면 컴퓨터는 해당 프로그램을 계속 실행한단다. 이런 무한 루프를 빠져나오기 위해 break 문을 사용하면 된단다.

> **아빠~**

다른 책에서 C 언어가 부울 형식 변수형을 지원하지 않는다는 내용이 있는데 무슨 내용이에요?

표준 C 언어에서는 true(참)와 false(거짓)의 값을 갖는 bool(부울) 형식의 변수형을 지원하지 않는다는 것이 사실이야.

기존 C에서는 참과 거짓을 사용하기 위해 정수형 변수를 선언하고 1(참) 또는 0(거짓)을 값으로 입력해서 사용했는데, 1999 ISO 표준을 지원하도록 -std=c99 옵션을 선택한 경우에는 stdbool.h 파일을 include한 후 다음과 같이 부울 형식을 사용할 수 있어.

```c
#include <stdio.h>
#include <stdlib.h>
#include <stdbool.h>

int main()
{
    int i = 0;
    bool loop = true;

    while(loop)// loop의 값은 true로 항상 참
    {
        if (i >= 100)
        {
            break;
        }
        printf("%d\n", i);
        i++;
    }

    system("pause");
    return 0;
}
```

2) continue의 사용

continue의 사전적인 의미는 '(쉬지 않고) 계속하다'라는 뜻이야. 블록 내부에서 continue를 만나면 그 뒤에 있는 코드를 수행하지 않고 건너 뛰어 반복문 처음으로 돌아간단다.

사용 예를 확인하기 위해 [코드 10]을 작성해 보자.

[코드 10] continue의 활용

```c
#include <stdio.h>
#include <stdlib.h>

int main()
{
    for (int i = 1; i <= 10; i++)
    {
        if ((i % 2) == 0)    /* [CODE 1] */
            continue;
        printf("%d ", i);    /* [CODE 2] */
    }

    system("pause");
    return 0;
}
```

저장하고 실행하면 다음과 같은 결과가 나타날 거야.

```
1 3 5 7 9
```

[CODE 1]을 보면 정수형 변수 i의 값을 2로 나눈 나머지가 0이면 continue;를 만나서 for 문의 처음으로 이동하게 되어 있어. 짝수이면 화면에 출력하지 않고 홀수인 경우(2로 나눈 나머지가 1인 경우)에만 화면에 값을 찍어.

> **아빠~**
>
> **[CODE 1]을 보면 if 문의 블록을 표시하는 { 과 } 이 없는데, 이렇게 해도 되나요?**
>
> 조건문이나 반복문의 경우 해당 블록이 한 개의 명령문으로 구성되는 경우에는 삭제하고 사용할 수 있단다.
>
> 아래 코드를 볼까?
>
> ```
> if ((i % 2) == 0)    /* [CODE 1] */
>    continue;
> ```
>
> 위의 코드를 다음 코드와 같이 쓸 수 있어.
>
> ```
> if ((i % 2) == 0)    /* [CODE 1] */
> {
>    continue;
> }
> ```

3) goto의 사용

goto는 go(고; 가다)와 to(투; ~로)의 합성어로, 특정 위치로 가라는 명령어야. 그런데 프로그램 코드를 작성할 때 가급적 사용하지 않는 편이 좋아.

goto를 너무 많이 쓰면 나중에 프로그램을 해석할 때 읽기가 어렵고 복잡하기 때문이야.

goto 등을 많이 써서 복잡하게 작성된 코드를 스파게티 코드라고 하는데 엄마가 해주시는 스파게티 면이 복잡하게 꼬여 있는걸 생각해 보면 왜 스파게티 코드라고 하는지 이해가 되겠지?

[코드 11]을 작성해 보자.

[코드 11] goto의 활용

```
#include <stdio.h>
#include <stdlib.h>

int main()
{
    int i = 1;

GO_PRINT:                /* [CODE 1] */
    printf("%d ", i);

    if (i >= 10)
        goto EXIT;       /* [CODE 2] */

    i++;
    goto GO_PRINT;       /* [CODE 3] */

EXIT:                    /* [CODE 4] */
    system("pause");
    return 0;
}
```

저장하고 실행하면 다음과 같은 결과가 나타날 거야.

```
1 2 3 4 5 6 7 8 9 10
```

프로그램이 실행되면 [CODE 1]의 행을 지나가는데 GO_PRINT:와 같이 선언되어 있는 부분을 레이블(Label)이라고 하고, 프로그램 상에서는 아무것도 하지 않고 그냥 지나간단다.

그 이후 조건문에서 i의 값이 10 이상이면 CODE 2가 실행되고 그렇지 않으면 i의 값이 1 증가하고 [CODE 3]의 goto 문을 만나는데 'goto 레이블명;'을 기입하면 아래의 코드를 수행하지 않고 지정한 레이블로 프로그램의 수행이 넘어간단다.

[CODE 1]로 이동해서 i의 값을 출력하고(아마 i의 값이 2겠지) 계속 수행을 하게 된단다.

그러다 i의 값이 10이 되면 조건식(i >= 10)은 참이 되어 [CODE 2]가 실행되겠지. 그리고 EXIT: 레이블로 이동해서 프로그램이 종료된단다.

11장을 마치며

이번 장에서는 반복을 단순하게 처리하는 반복문의 구성 방법을 배웠어. 그리고 조건식이 아니라 분기 명령어를 이용하여 반복문을 벗어나는 방법도 알아 보았어. 조건문과 반복문은 프로그램을 구성하는 가장 중요한 부분이기 때문에 잘 이해하고 넘어가기 바래.

다음 장에서는 앞에서 몇 번 나왔던 배열을 살펴보자.

12장 배열의 활용

12.1 배열의 선언과 활용

12.2 다차원 배열의 선언과 활용

배열의 사전적 의미는 '일정한 차례나 간격에 따라 벌여 놓음'인데, 컴퓨터에서는 '동일한 성격의 데이터를 관리하기 쉽도록 하나로 묶는 일'이라고 정의할 수 있어. 즉, C 언어에서는 동일한 데이터 형을 하나의 덩어리로 만들어서 편리하게 관리하는 방법을 제공하고 있는데 이를 배열(Array; 어레이)이라고 부르고 있어.

국어, 영어, 수학, 과학 점수를 변수에 저장하고 출력해야 한다고 가정해 볼까?

앞에서 배운 방식을 이용한다면 관리해야 할 점수가 4개니까 4개의 정수형 변수를 만들어서 관리해야 할거야. 그럼, 철수와 영희의 성적을 관리하려면 몇 개의 변수가 필요할까? 8개겠지.

여기서 한 명의 점수를 하나의 덩어리로 관리할 수 있다면 두 개의 변수만으로 가능하지 않을까? 이게 이번 장에서 알아볼 내용이야.

12.1 배열의 선언과 활용

철수와 영희의 성적을 처리하기 위해 기존 방식대로 프로그램을 작성한다면 [코드 1] 과 같이 된단다. 이제 이 정도는 짤 수 있겠지!

[코드 1] 두 명의 국어, 영어, 수학, 과학 점수를 화면에 표시

```
#include <stdio.h>
#include <stdlib.h>

int main()
{
    int A_kor, A_eng, A_math, A_science;
    int B_kor, B_eng, B_math, B_science;

    A_kor = 100;
    A_eng = 90;
    A_math = 95;
    A_science = 100;

    B_kor = 90;
    B_eng = 85;
    B_math = 80;
    B_science = 100;

    printf("A Score : KOR[%d], ENG[%d], MATH[%d], SCI[%d]\n", A_kor, A_eng, A_math, A_science);
    printf("B Score : KOR[%d], ENG[%d], MATH[%d], SCI[%d]\n", B_kor, B_eng, B_math, B_science);

    system("pause");
    return 0;
}
```

코드를 저장한 후 실행하면 다음과 같은 결과가 나타날 거야.

```
A Score : KOR[100], ENG[90], MATH[95], SCI[100]
B Score : KOR[90], ENG[85], MATH[80], SCI[100]
```

[코드 1]에서는 두 명의 네 개 과목 점수를 처리하기 위해 8개의 변수가 필요했지? 2명이 아니라 30명의 학생을 처리해야 한다면 30 * 4 = 120개의 변수를 가지고 처리해야 할 거야.

사람 수가 바뀌면 어떻게 해야 할까? 변수를 계속 만들어야 하니 프로그램을 계속 수정해야 하는 문제점이 있겠지? 배열을 사용하면 이런 문제점을 해결할 수 있단다.

1) 배열의 선언

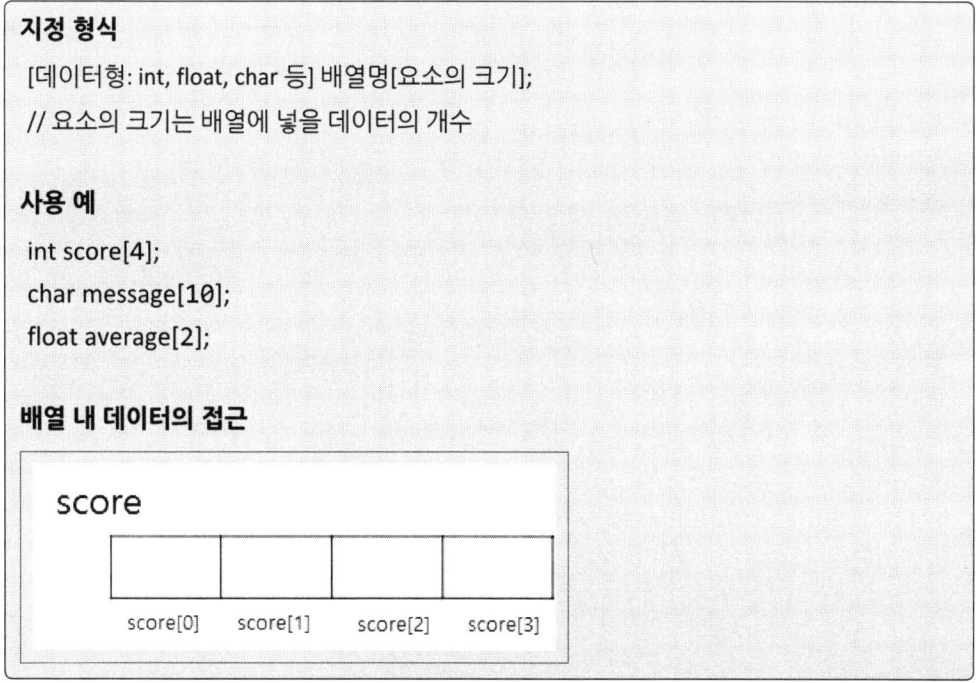

배열의 선언은 동일한 데이터형으로만 가능하고, 배열을 지칭할 배열명과 그 배열이 가지는 데이터의 개수로 지정할 수 있단다.

그리고 배열 내부의 각 데이터에 접근하는 방법은 인덱스(index; 색인)라는 위치를 지정하는 숫자로 가능하단다. 이때 인덱스는 0부터 시작한다는 점에 주의하기 바래.

즉, score[4]라고 선언하면 인덱스는 0부터 3까지 존재하고, 그 이외의 값을 지정하면 오류가 발생한단다. 색인이 지시하는 하나의 조각을 요소(element; 엘리먼트)라고 해.

앞에 나온 [코드 1]을 배열을 이용해서 수정하면 [코드 2]와 같이 된단다.

[코드 2] 정수형 배열의 활용

```
#include <stdio.h>
#include <stdlib.h>

int main()
{
    int A_score[4];      /* [CODE 1] */
    int B_score[4];

    A_score[0] = 100;    /* [CODE 2] */
    A_score[1] = 90;
    A_score[2] = 95;
    A_score[3] = 100;

    B_score[0] = 90;
    B_score[1] = 85;
    B_score[2] = 80;
    B_score[3] = 100;

    printf("A Score : KOR[%d], ENG[%d], MATH[%d], SCI[%d]\n", A_score[0], A_score[1], A_score[2], A_score[3]);    /* [CODE 3] */
    printf("B Score : KOR[%d], ENG[%d], MATH[%d], SCI[%d]\n", B_score[0], B_score[1], B_score[2], B_score[3]);

    system("pause");
    return 0;
}
```

[CODE 1]에서는 정수형 배열 A_score와 B_score를 선언하고 각 요소의 수를 4개로 지정했어.

[CODE 2]에서는 인덱스를 이용하여 각 배열의 요소에 정수 값을 할당했는데 이 인덱스의 각 위치가 score[0]는 국어, score[1]은 영어, score[2]는 수학, score[3]은 과학을 의미하게 코딩했단다.

배열을 이용하여 프로그래밍할 때는 엉뚱한 위치에 잘못된 값을 넣는 실수를 할 수 있으니깐 각 인덱스의 위치에 어떤 데이터를 넣는지 반드시 기억하고 있어야 한단다.

사실 [코드 2]만 봐서는 배열이 얼마나 편리한지 잘 모르겠지?

배열을 초기화하고 배열을 이용해서 코드를 단순화시켜 보자.

위의 코드에서 평균을 구해야 한다고 생각해 보자. 각 변수의 값을 더한 후 과목 개수로 나눠야 할거야.

[코드 3] 변수를 이용한 평균의 계산

```
#include <stdio.h>
#include <stdlib.h>

int main()
{
    int A_kor, A_eng, A_math, A_science;
    int sum = 0;
    float average = 0.0;

    A_kor = 100;
    A_eng = 90;
    A_math = 95;
    A_science = 100;
```

```
    sum = A_kor + A_eng + A_math + A_science;
    average = sum / 4;

    printf("A Sum: %d, Average: %f", sum, average);

    system("pause");
    return 0;
}
```

저장하고 실행하면 다음과 같은 결과가 나타날 거야.

```
A Sum : 385, Average : 96.000000
```

[코드 3]을 배열을 이용하는 것으로 수정하면 [코드 4]와 같이 된단다.

[코드 4] 배열을 이용한 평균의 계산

```
#include <stdio.h>
#include <stdlib.h>

int main()
{
    int A_score[4];
    int sum = 0;
    float average = 0.0;

    A_score[0] = 100;
    A_score[1] = 90;
    A_score[2] = 95;
    A_score[3] = 100;

    for (int i =0 ; i < 4; i++)      /* [CODE 1] */
        sum = sum + A_score[i];    // sum += A_score[i] 와 동일
```

```
    average = sum / 4;

    printf("A Sum: %d, Average: %f", sum, average);

    system("pause");
    return 0;
}
```

[CODE 1]을 보면 일단 반복문을 이용하는 걸 알 수 있지. 그리고 배열의 요소 값들을 가지고 오기 위하여 i의 값을 1씩 증가시키면서 A_score[0], A_score[1], ... 식으로 인덱스 값을 변경시켜 합을 구하는 것을 볼 수 있지?

과목이 20개라면 [코드 3]에서 20개의 변수명을 다 써주어야 하지만, [코드 4]에서는 반복문 내의 조건식을 i < 20으로 변경하면 손쉽게 평균을 구할 수 있어. 그만큼 프로그램 코드가 단순해지고 코딩 량이 줄어드는 장점이 있단다.

2) 배열의 초기화

변수를 선언할 때 초기 값을 대입할 수 있는 것처럼 배열에서도 초기 값을 지정할 수 있단다.

지정 형식
 [데이터형] 배열명[요소의 크기] = {데이터 1, ..., 데이터 N};
 // 요소의 크기는 배열에 넣을 데이터의 개수
 // 데이터의 개수는 요소의 개수보다 같거나 작아야 한다

사용 예
 int score[4] = {100, 90, 95, 80};
 char message[10] = {'a', 'p', 'p', 'l', 'e'};
 float average[2] = {10.1, 21.12};

[코드 4]의 배열을 초기화하는 형식으로 수정하면 [코드 5]와 같이 된단다.

[코드 5] 배열 초기화 및 평균의 계산

```
#include <stdio.h>
#include <stdlib.h>

int main()
{
    int A_score[4] = {100, 90, 95, 100};
    int sum = 0;
    float average = 0.0;

    for (int i =0 ; i < 4; i++)
        sum = sum + A_score[i];
    average = sum / 4;

    printf("A Sum: %d, Average: %f", sum, average);

    system("pause");
    return 0;
}
```

아빠~

아빠 배열을 만들 때는 크기를 꼭 지정해야 하나요?

배열을 초기화하면서 생성하는 경우에는 크기를 설정하지 않아도 된단다. 이 경우에는 초기화된 데이터의 개수만큼 배열이 설정돼.

사용 예

```
 int A_score[] = {100, 90, 95, 100};
 // A_score[0] = 100, A_score[1] = 90, A_score[2] = 95, A_score[3] = 100
 // A_score는 인덱스 0부터 3까지 4개의 값을 가진 배열로 자동 설정된다
```

3) 문자열 처리

7.2절에서 문자열에 대해 간략하게 설명하면서 배열을 설명할 때 좀더 자세하게 알려준다고 했었지?

이번 절에서는 char형 배열인 문자열이 어떻게 구성되는지 알아보자.

[코드 6] 문자열의 처리

```
#include <stdio.h>
#include <stdlib.h>

int main()
{
   char a[10] = {'a', 'p', 'p', 'l', 'e'};    /* [CODE 1] */
   char b[10] = "apple";              /* [CODE 2] */

   printf("%s\n", a);
   printf("%c%c%c%c%c%d\n",a[0],a[1],a[2],a[3],a[4],a[5]);   /* [CODE 3] */
   printf("%s\n", b);
   printf("%c%c%c%c%c%d\n",b[0],b[1],b[2],b[3],b[4],b[5]);   /* [CODE 3] */

   system("pause");
   return 0;
}
```

저장하고 실행하면 다음과 같은 결과가 나타날 거야.

```
apple
apple0
apple
apple0
```

[CODE 1]에서는 문자열을 생성하면서 초기화를 했어.

[CODE 2]는 문자열 자체를 초기에 넣어준 형태야. 문자열의 경우에는 큰따옴표(")쌍으로 묶여있는 문자열을 문자열 변수에 한꺼번에 넣을 수 있어.

[CODE 3]에서는 문자열 포맷인 %s를 사용하지 않고 %c를 이용하여 각 요소의 값을 출력했어. 문자열 다음에 0의 값을 가지고 있는 것이 확인되지?

0은 아스키 코드 값에서 NULL을 의미한다고 했지? NULL은 문자열의 마침을 의미하는데 문자열이 더 이상 존재하지 않는다는 의미를 갖고 있어.

char[10]으로 선언된 문자열 변수에 문자열이 입력될 때 한 글자가 입력되어 있는지 열 글자가 입력되어 있는지 컴퓨터는 알 수 없단다. 그래서 문자열을 입력하면 맨 마지막에 NULL이 자동으로 붙어서 NULL 다음의 인덱스에는 문자가 없다고 알려주는 것이란다.

> **아빠~**
>
> **문자열을 문자열 변수에 대입했는데 오류가 났어요!**
>
> 문자열의 경우, 다른 변수 형처럼 선언 후에 대입 연산자인 =를 이용해 값을 대입할 수 없단다.
>
> ```
> char a[10];
> a = "apple";    // 오류 발생
> ```
>
> 변수를 선언한 후 값을 대입하기 위해서는 strcpy() 함수(string copy: 문자열 복사)를 이용하여 값을 복사해야 한단다.
>
> ```
> char a[10];
> strcpy(a, "apple");
> ```

12.2 다차원 배열의 선언과 활용

우리가 사는 세상을 3차원이라고 하지? 거기에 시간이 더해지면 4차원이라고 하고. (물론 다른 의미로 4차원이라고 하기도 하지만…) 배열에서도 차원이라는 형태를 만들 수 있어.

쉽게 생각해 볼까? 표를 보면 행과 열로 이루어져 있지? 이렇게 행과 열을 가지고 있으면 2차원이 되는 거지. 승준이가 좋아하는 큐브와 같이 6면체 형태로 되어 있으면 가로, 세로, 높이를 가지기 때문에 3차원이 되는 거고.

앞 절에서 성적을 처리하기 위해 하나의 배열(이건 일차원 배열이라고 해)을 만들고 국어, 영어, 수학, 과학 점수를 한꺼번에 처리할 수 있는 방법을 배웠지?

이 방식을 사용해서 한 반의 성적을 처리해야 한다면 아마 정수형 배열 변수를 학생 수만큼 만들어야 할거야. 그런데 이것을 표로 만들면 어떻게 될까? 아래 그림을 보면서 살펴볼까?

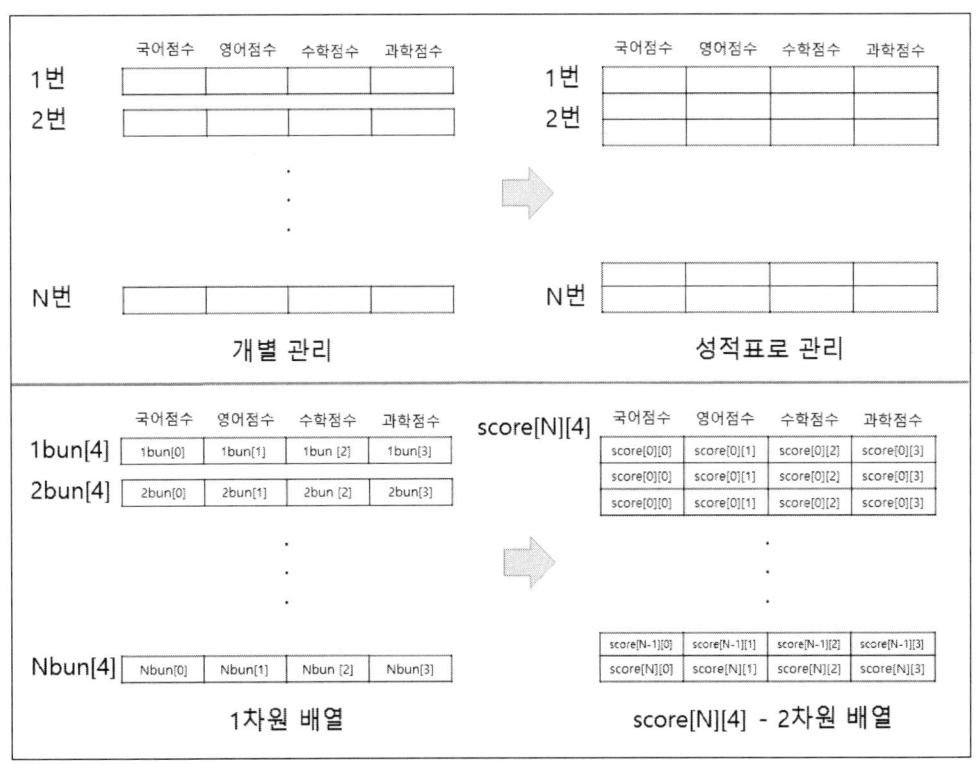

[그림 1] 이차원 배열을 통한 데이터의 관리

한 학급의 학생 수가 30명이라고 하면 개별 관리를 하는 경우에는 1bun[4], 2bun[4]와 같이 30개의 변수를 만들고 관리를 해야 할 거야. 그런데 [그림 1]처럼 하나의 표를 만들어서 첫 번째 열에는 1번 학생의 국어, 영어, 수학, 과학의 점수를 넣고 두 번째 열에는 2번 학생의 각 과목 점수를 넣는다면 하나의 변수로 한 학급의 점수를 관리할 수 있겠지. 그림에서 N이라고 표시한 것을 30이라고 생각하면 된단다.

즉, 정수형 2차원 배열(가로, 세로: 표의 형태)을 만들고 총 N개의 행(가로 줄)을 가지고, 각 행은 4개의 열(세로 줄)을 가지는 형식으로 "int score[N][4];"와 같이 만들면 우리는 각 데이터(요소)를 인덱스로 이용해서 편하게 접근할 수 있단다.

예를 간단하게 하기 위해 2명의 성적을 처리하는 코드를 [코드 7]과 같이 작성해 보자.

[코드 7] 이차원 배열의 처리

```c
#include <stdio.h>
#include <stdlib.h>

int main()
{
    int score1[2][4];        /* [CODE 1] */
    int score2[2][4] = {{100, 90, 95, 100}, {90, 85, 80, 100}};    /* [CODE 2] */
    int sum = 0;
    float average = 0.0;

    score1[0][0] = 100;      /* [CODE 3] */
    score1[0][1] = 90;
    score1[0][2] = 95;
    score1[0][3] = 100;

    score1[1][0] = 90;
    score1[1][1] = 85;
    score1[1][2] = 80;
    score1[1][3] = 100;

    /* [CODE 4] */
    for (int i=0; i < 2; i++)
    {
        for (int j=0; j < 4; j++)
        {
            sum = sum + score1[i][j];
        }
        average = sum / 4;

        printf("[%d] sum : %d , Average : %f\n", i, sum, average);

        /* [CODE 5] */
        sum = 0;
```

```
        average = 0.0;
    }

    system("pause");
    return 0;
}
```

저장하고 실행하면 다음과 같은 결과가 나타날 거야.

```
[0] sum : 385 , Average : 96.000000
[1] sum : 355 , Average : 88.000000
```

[CODE 1]부터 [CODE 5]까지 하나씩 살펴볼까?

[CODE 1]에서는 정수형 이차원 배열을 선언했는데 2개 행과 4개 열 형태로 구성되어 있단다.

[CODE 2]에서는 정수형 이차원 배열을 선언하고 초기화했어. 2차원 배열의 경우 각 행에 대한 값들을 { 와 } 쌍으로 묶는 것이 일반적이야. 하지만 연속해서 초기화해도 상관이 없단다.

One More

초기화 예를 아래와 같이 정리할 수 있단다

int score1[2][4] = {{100, 90, 95, 100}, {80, 85, 100, 90}}
int score2[2][4] = {100, 90, 95, 100, 80, 85, 100, 90};

```
int score1[2][4] = {{100, 90, 95, 100}, {80, 85, 100, 90}}
int score2[2][4] = {100, 90, 95, 100, 80, 85, 100, 90};
```

score1[2][4]	100	90	95	100
	80	85	100	90

score1[0] = {100, 90, 95, 100}
score1[1] = {80, 85, 100, 90}

score2[2][4]	100	90	95	100	80	85	100	90

⎵ score2[0] ⎵   ⎵ score2[1] ⎵

실제로 이차원 배열은 일차원 배열이 여러 개 붙어 있는 형태이기 때문에 위의 예처럼, 초기화 값들이 순차적으로 앞에서부터 채워진다. 즉, 위의 예에서 score1의 초기화 방법과 score2의 초기화 방법은 동일한 형태라고 볼 수 있어. 이렇게 초기화해도 문제가 되지 않는 이유는 뒤에서 '포인터'를 배우면 정확하게 알 수 있을 거야.

[CODE 3]에서는 인덱스를 이용하여 각 배열의 요소에 접근하고 특정 값을 대입해.

[CODE 4]에서는 for 루프 안에 for 루프가 중첩되어 사용되고 있는데, 첫 for 루프의 조건식은 이차원 배열의 행에 대한 인덱스 값을 증가시키기 위해 사용되는 것이야. 안쪽에 있는 for 루프의 조건식은 각 열에 대한 인덱스를 증가시키기 위해 사용된단다. i의 변수가 0일 경우 j는 0부터 3까지 증가하면서 score1[0][0], score1[0][1], score1[0][2], score1[0][3]까지의 값을 읽어와서 sum이라는 변수에 계속 더한 후 안쪽의 for 루프를 빠져 나오겠지. 그 이후 평균 값을 구해서 화면에 출력한단다. 출력이 완료되면 바깥쪽 for 루프를 다시 수행해서 i 값을 1로 증가시키고 score1[1][0], score1[1][1], score1[1][2], score1[1][3]의 루프를 도는 형태로 구성되어 있어.

[CODE 5]에서는 sum의 값과 average의 값을 초기화하는데 만약 초기화를 하지 않으면 어떻게 될까? average의 경우에는 sum의 값을 4로 나눈 결과 값이 대입되기 때문에 큰 상관이 없어. 그런데 sum의 경우 이전 값을 그대로 가지고 있으면 계속 더하게 되므로 문제가 발생한단다.

score1[0][]에 해당하는 합계를 구한 상태에서 초기화하지 않고 score1[1][]의 값을 더하면 score1[0][]의 합계에 해당하는 385를 sum이 가지고 있으므로 합계가 740(385 + 355)이 되겠지. 실제 프로그래밍을 하면서 실수를 많이 하게 되는 부분이야. 내가 사용할 변수를 언제 초기화해야 하는지 반드시 생각하면서 프로그램을 짜기 바란다.

12장을 마치며

이번 장에서는 배열과 배열의 활용 방법을 알아 보았어. 배열은 2차원뿐만이 아니라 3차원, 4차원으로 확장 가능한데 실제 프로그래밍에서는 3차원 배열까지 사용하는 편이야. 4차원 배열부터는 머릿속에서 잘 구조화되지 않기 때문이지. 3차원 배열은 2차원 배열의 확장이니깐 조금 고민해 보면 이해할 수 있을 거야.

다음 장에서는 포인터를 살펴보자.

13장 포인터의 활용

13.1 포인터란 무엇인가?

13.2 포인터의 선언 및 값 조회

13.3 포인터와 배열의 관계

13.4 포인터와 문자열

포인터(pointer; 지시자)의 사전적 의미는 '어떤 지점을 가리키는 것'이야. 우리가 일상생활에서 "포인트만 이야기해라"라는 말을 많이 하지? 즉, 중요한 어떤 것만 이야기하라는 이야기인데, '포인터'는 '포인트(중요한 점, 요점)를 가리키는 것'이라고 할 수 있단다.

앞 장에서 배운 배열에서는 인덱스를 이용해서 특정 데이터(요소)에 접근할 수 있었는데, 인덱스라는 것이 결국 특정 값을 지시하는 녀석이라고 볼 수 있겠지.

그런 점에서 포인터와 인덱스는 비슷한 개념을 가지고 있어서 혼동해서 사용되기도 하는데 이번 장에서 배열과 포인터의 관계를 정확하게 이해하도록 하자.

13.1 포인터란 무엇인가?

프로그램에서 사용하는 변수 및 모든 데이터는 컴퓨터의 메모리라는 곳에 저장되고 관리된단다. 메모리는 변수의 이름과 변수의 값을 가진다고 앞에서 변수형을 설명하면서 이야기했었지?

C 언어에서는 각 데이터가 존재하는 메모리를 주소(address; 어드레스)라는 것으로 관리한단다. 우리 집에 고유한 주소가 있어서 택배 아저씨가 물건을 정확하게 갖다 줄 수 있는 것과 마찬가지이지.

그런데 조금 혼동이 되지 않니? 데이터 저장과 관련해서 위치를 지정하고 접근하기 위해 변수명을 사용한다고 했는데 갑자기 주소라는 개념을 이야기하니깐.

변수명은 프로그램에서 사람인 우리가 쉽게 인식하기 위해서 사용하는 것이고, 컴파일된 코드에서 각 변수는 메모리의 주소(어드레스)에 위치하는 거야.

포인터는 메모리 주소를 지시하는 용도로 사용되며, 포인터를 이용하면 데이터를 좀더 효과적으로 관리할 수 있단다. 자 그럼 변수와 메모리의 관계에 대해 먼저 알아보자.

아래 그림을 볼까?

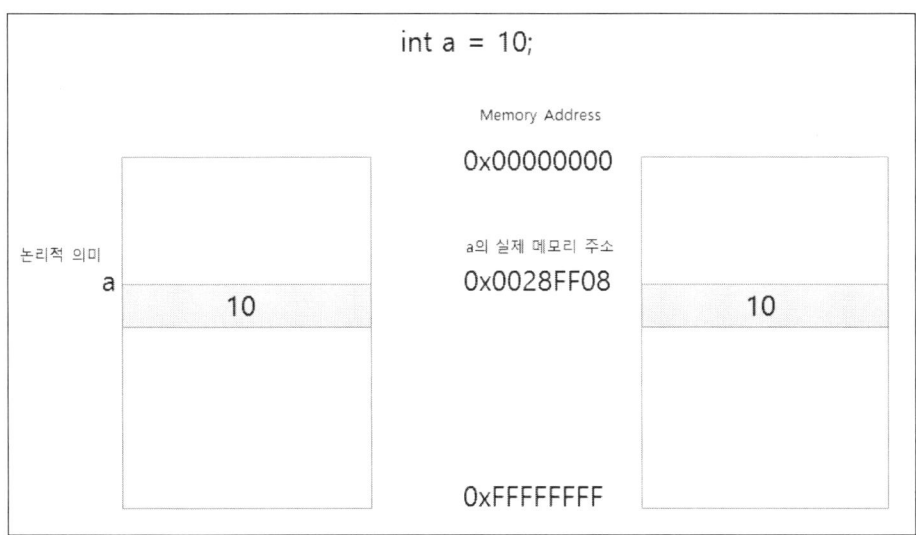

[그림 1] 변수와 메모리 주소의 관계

우리가 평상시 '서울특별시청'이라고 부르는 곳의 실제 주소가 '서울특별시 중구 세종대로 110'인 것과 마찬가지로 컴퓨터에서 선언한 변수는 컴파일 과정을 거치면서 메모리상의 특정 위치(이건 실행될 때 정해지는 것이기 때문에 항상 일정하지는 않아. 하지만 반드시 메모리상의 어떤 주소에 위치하고는 있단다)에 존재하는데, 이 위치를 주소(address)라고 부른단다.

위의 그림처럼 논리적으로 메모리의 어딘가에 a가 존재한다고 생각하지만 실제적으로는 메모리 주소의 특정 지점을 나타내게 되는 것이야. (주소를 표시하면서 0x0028FF08과 같이 조금 이상한 값이 써 있는 것을 볼 수 있는데 이는 16진수 값을 의미한단다.)

변수의 메모리 주소를 구하기 위해 & 연산자를 사용하는데 포인터와 관련된 연산자를 [표 1]과 같이 정리할 수 있어.

연산자	의미	설명
&	주소 참조 연산자	실제 데이터 값이 저장되어 있는 메모리의 주소를 가지고 오는 데 사용
*	값 참조 연산자	포인터가 지시하는 메모리 주소 내에 존재하는 실제 데이터 값을 참조하는 데 사용

[표 1] 포인터 연산자

변수의 실제 주소를 확인하기 위해 [코드 1]을 작성해 보자.

[코드 1] 변수의 실제 주소 계산

```c
#include <stdio.h>
#include <stdlib.h>

int main()
{
    int a = 10;
    printf("%X", &a);

    system("pause");

    return 0;
}
```

코드를 저장한 후 실행하면 다음과 같은 결과가 나타날 거야.

```
28FF08
```

결과 값은 컴퓨터마다 다를 것이며 실행할 때마다 항상 같은 값이 나오지는 않을 거야. 그 이유는 프로그램을 작성한 후 컴파일을 하고 실행하면 필요한 변수들이 메모리에 할당되는데 그때서야 운영체제(OS: 윈도우 10 등을 의미함)가 적절한 위치를 할당하기 때문이야.

메모리 주소를 출력하기 위해 %X를 사용했는데, 이는 값을 16진수로 표현하기 위한 방식이야. 나중에 비트 연산이라는 것을 이야기하면서 진법에 대해 다룰 거니깐 지금은 숫자를 표현하는 한 방식이라고만 생각하고 넘어가자.

정리하면, 위의 코드가 실행되면서 정수형 변수 a를 메모리에 생성하는데 그 위치가 0x28FF08이라는 의미란다.

> **Q&A**
>
> **32비트 컴퓨터와 64비트 컴퓨터가 뭐가 달라요?**
> 메모리를 관리하는 버스(BUS)라는 것의 크기를 나타내는 개념으로 보면 된단다.
>
> 버스의 크기에 따라 메모리를 관리할 수 있는 범위가 결정되는데 32비트 컴퓨터의 경우 16진수 8자리(0x00000000~0xFFFFFFFF)까지 표현할 수 있고, 64비트 컴퓨터의 경우 16진수 16자리((0x0000000000000000~0xFFFFFFFFFFFFFFFF)까지 관리할 수 있어. (나중에 비트 연산을 이야기하면서 좀더 자세히 설명할게.)

> **One More**
>
> **포인터가 어렵지!**
> 사실 포인터는 프로그램을 조금 해 본 사람도 많이 헷갈리는 부분이란다. 일단은 최대한 이해하도록 노력해야 하지만 어려우면 가벼운 마음으로 읽자. 그리고 책을 모두 배운 후 한 번 더 읽어 보면 이해가 쉬울 수 있을 거야. 실제 많은 사람들이 C 프로그램을 배우다 포기하는 곳이 바로 포인터란다.

13.2 포인터의 선언 및 값 조회

앞 절에서 &를 이용해서 변수의 주소를 찾아 보았는데 주소가 지시하는 곳의 값을 조회하려면 어떻게 해야 할까? 포인터는 주소를 가진다고 했고, 주소에 있는 값을 가지고 오는 것을 역참조(dereference; 디레퍼런스)라고 해. 역참조에 사용하는 연산자는 *란다.

> **포인터 형식**
> 데이터형 *포인터명;
> 포인터명 = &변수명;
>
> **포인터 활용의 예**
> int *ptr;
> int a;
> ptr = &a;   // 정수형 포인터 ptr에 a의 주소를 대입

포인터가 지시하는 값의 데이터를 확인하기 위해 [코드 2]를 작성해 보자.

[코드 2] 포인터가 지시하는 변수의 값 조작

```
#include <stdio.h>
#include <stdlib.h>

int main()
{
    int *ptr;                   /* [CODE 1] */
    int a = 5;
    ptr = &a;                   /* [CODE 2] */

    printf("a : %X\n", a);      /* [CODE 3] */
    printf("&a : %X\n", &a);

    printf("ptr : %X\n", ptr);  /* [CODE 4] */
```

```
    printf("&ptr : %X\n", &ptr);
    printf("*ptr : %X\n", *ptr);

    *ptr = 10;                          /* [CODE 5] */
    printf("a : %d\n", a);

    system("pause");
    return 0;
}
```

코드를 저장한 후 실행하면 다음과 같은 결과가 나타날 거야.

```
a : 5
&a : 28FF08      // 값은 다르게 출력될 수 있다
ptr : 28FF08     // 값은 다르게 출력될 수 있지만 &a의 값과 항상 같다
&ptr : 28FF0C    // 값은 다르게 출력될 수 있다
*ptr : 5
a : 10
```

코드를 부분별로 살펴보자.

[CODE 1]에서는 정수형 포인터 변수 ptr을 선언한단다.

[CODE 2]에서는 정수형 포인터 변수 ptr에 정수형 변수 a의 주소를 대입해. 이때 주의할 점은 선언한 포인터 변수의 데이터형과 입력할 변수의 데이터형이 동일해야 한다는 것이야. 가령, 정수형 포인터에는 정수형 변수의 주소만 입력할 수 있어.

[CODE 3]은 정수형 변수 a의 값과 주소를 출력해. 주소의 값은 실행될 때마다 다르게 나타날 수 있으며 책의 결과와 다를 수 있겠지.

[CODE 4]에서 ptr의 값으로는 정수형 변수 a의 주소가 입력되었기 때문에 &a의 값과 항상 같아야 해. &ptr은 정수형 포인터 변수의 주소를 의미하기 때문에 실행 시 운영체제에 의해 할당된 값이 출력되겠지. *ptr은 포인터가 지시하고 있는 주소 위치의 실제 값을 의미하므로 a가 가지고 있는 값과 동일해.

[CODE 5]에서 *ptr은 정수형 포인터 변수가 지시하는 변수 주소의 실제 값이므로 a의 값을 의미해. 즉, a = 5와 동일한 역할을 하는 것이지.

[그림 2]는 메모리에 할당된 정수형 변수 a와 포인터 변수 ptr의 메모리 구조를 예로 나타낸 것이야.

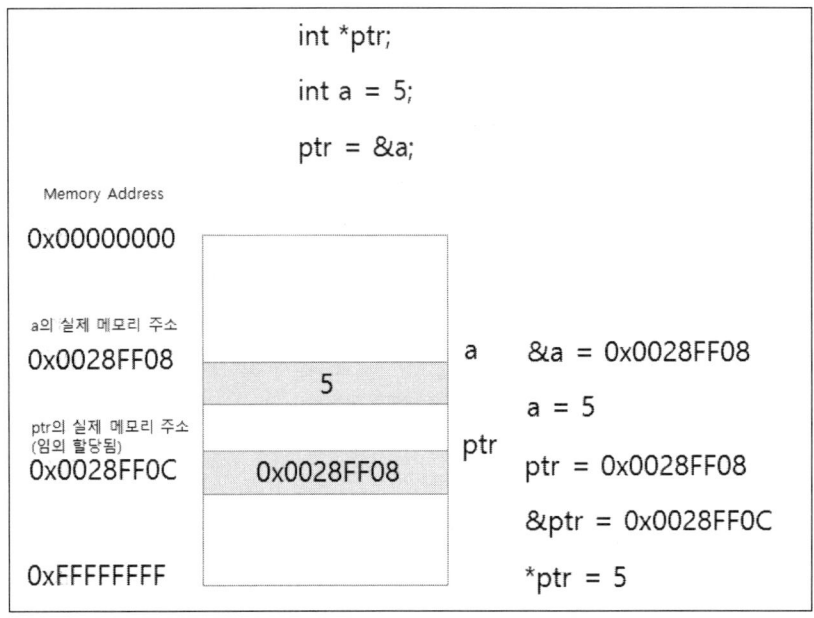

[그림 2] 포인터 변수와 변수의 관계

13.3 포인터와 배열의 관계

이번 장을 시작하면서 배열 인덱스와 포인터에 비슷한 점이 있다는 사실을 잠깐 언급했었지? 배열을 지시하는 하나의 포인터를 선언하면 인덱스를 사용하지 않고도 배열 내부의 데이터(요소)들을 가지고 올 수 있단다. [코드 3]을 작성해 보자.

[코드 3] 배열과 포인터의 관계

```
#include <stdio.h>
#include <stdlib.h>

int main()
{
    int a[5] = { 10, 20, 30, 40, 50};
    int *ptr;

    /* [CODE 1] */
    ptr = &a[0];   // ptr = a;과 동일하다

    for (int i=0; i < 5; i++)
    {
        printf("[%d] Address : %X %X %X\n", i, &a[i], a+i, ptr+i);   /* [CODE 2] */
        printf("[%d] Value : %d %d\n", i, a[i], *(ptr+i));
    }

    system("pause");
    return 0;
}
```

코드를 저장한 후 실행하면 다음과 같은 결과가 나타날 거야.

```
[0] Address : 28FEF0 28FEF0 28FEF0   // 실행 시 주소의 값은 다르지만 3개 값은 동일
[0] Value : 10 10
[1] Address : 28FEF4 28FEF4 28FEF4   // 위 주소 값에 4를 더한 값으로 3개 값은 동일
[1] Value : 20 20
[2] Address : 28FEF8 28FEF8 28FEF8
[2] Value : 30 30
[3] Address : 28FEFC 28FEFC 28FEFC
[3] Value : 40 40
[4] Address : 28FF00 28FF00 28FF00
[4] Value : 50 50
```

[코드 3]의 이해를 돕기 위해 메모리 구조를 설명한 [그림 3]을 보자.

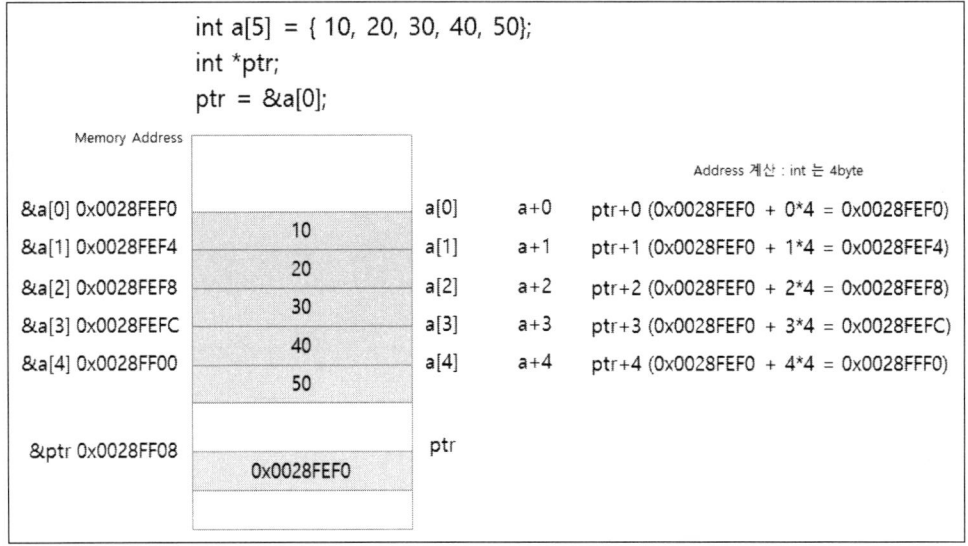

[그림 3] 포인터의 계산을 통한 배열의 접근

정수형 배열 a는 5개의 데이터(요소)를 가질 수 있도록 설정했고 [CODE 1]에서 정수형 포인터 ptr에 정수형 배열 a[0]의 주소인 &a[0]를 대입했어.

배열의 주소는 주소 참조 연산자를 이용하여 배열의 처음 요소를 지정하는 방식(ptr = &a[0];)을 사용하거나 단순하게 변수의 이름을 대입(ptr = a;)할 수 있어. 정수형 포인터에 변수 이름을 직접 넣을 수 있는 것은 배열의 경우에만 가능하니 주의하기 바래.

[CODE 2]를 보면 포인터 계산이 나오는데, [그림 3]의 주소 계산을 참조하기 바래.

[그림 3]에서 ptr은 0x0028FEF0을 가리키고 있는데 그 값에 1을 더하면 &a[1]의 주소 값이 계산될 수 있어.

정수 데이터형인 int는 크기가 4바이트라고 했었지? 그러니깐 주소 계산에서도 ptr이 원래 가지고 있는 주소 값에 4를 더해서(실질적인 코드에서는 1을 더하지만 내부적인 주소 계산에서는 4를 더함) 주소 값이 변경되는 거야.

One More

변수의 크기를 계산할 수 있단다!

3장에서 변수를 이야기하면서 변수의 크기에 대해 이야기를 했었어. C 프로그램에서는 변수 크기를 확인할 수 있는 sizeof()라는 함수를 제공하는데 다음과 같이 변수의 크기를 확인할 수 있어.

```c
#include <stdio.h>
#include <stdlib.h>

int main()
{
    int a;
    double b;
    char c;

    printf("int size : %d\n", sizeof(a));
    printf("double size : %d\n", sizeof(b));
    printf("char size : %d\n", sizeof(char));

    system("pause");
    return 0;
}
```

[실행 결과]
int size : 4
double size : 8
char size : 1

13.4 포인터와 문자열

문자열은 큰따옴표(")쌍으로 감싸서 표현한 데이터를 의미하고 맨 마지막에는 문자열의 끝을 알리는 0x00(NULL)이 자동으로 붙는다고 이야기했었지?

문자열 역시 배열의 형태이기 때문에 포인터를 이용하여 필요한 데이터를 검색하고 변경할 수 있어.

[코드 4]를 작성해 보자.

[코드 4] 문자열과 포인터의 관계

```c
#include <stdio.h>
#include <stdlib.h>

int main()
{
    char a[10] = "apple";
    char *ptr;

    ptr = &a[0];      /* [CODE 1] */

    for (int i=0; i < 5; i++)
    {
        printf("Address %X : Data [%c]\n", ptr+i, *(ptr+i));    /* [CODE 2] */
    }

    /* [CODE 3] */
    *ptr = 'A';
    *(ptr+1) = 'P';
    printf("%s\n", a);

    system("pause");
    return 0;
}
```

코드를 저장한 후 실행하면 다음과 같은 결과가 나타날 거야.

```
Address 28FEF4 : Data [a]
Address 28FEF5 : Data [p]
Address 28FEF6 : Data [p]
Address 28FEF7 : Data [l]
Address 28FEF8 : Data [e]
Apple
```

[코드 4]의 이해를 돕기 위해 메모리 구조를 설명한 [그림 4]를 보자.

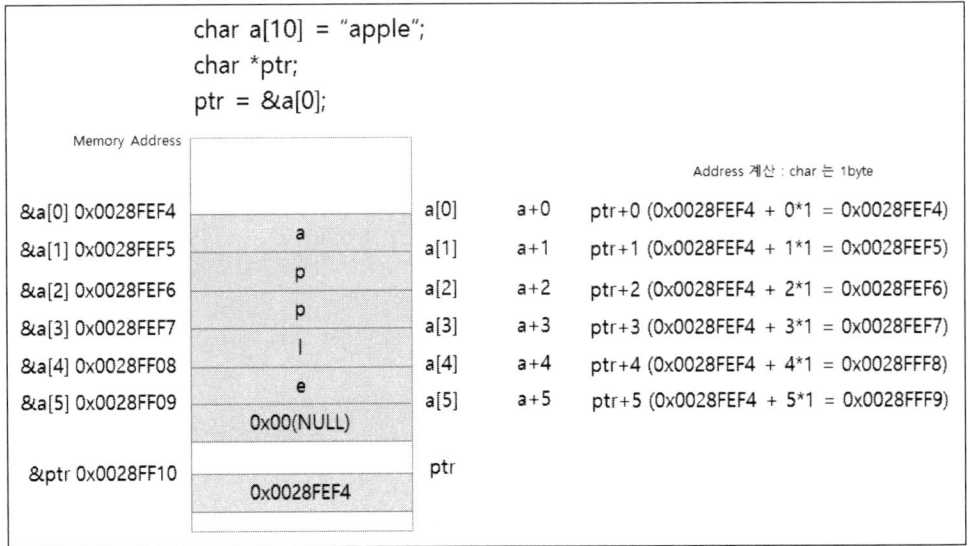

[그림 4] 포인터의 계산을 통한 문자열의 접근

문자형 배열(문자열) a는 10개의 데이터(요소)를 가질 수 있도록 설정했고 [CODE 1]에서 문자형 포인터 ptr에 문자열 a[0]의 주소인 &a[0]을 대입했어.

배열의 주소는 주소 참조 연산자를 이용하여 배열의 처음 요소를 지정하는 방식(ptr = &a[0];)을 사용하거나 단순하게 변수의 이름을 대입(ptr = a;)할 수 있다는 것은 앞에서 이해했지?

[CODE 2]를 보면 포인터의 계산이 나오는데, [그림 4]의 주소 계산을 참조하기 바래.

[그림 4]에서 ptr은 0x0028FEF4를 지시하는데 그 값에 1을 더하면 &a[1]의 주소 값이 계산될 수 있어. 문자형 데이터인 char는 1바이트를 가진다고 했었지? 그러니깐 주소 계산에서도 ptr이 원래 가지고 있는 주소 값에 1을 더해서 주소 값을 계산하게 되겠지?

문자열의 경우에는 배열을 이용하지 않고 문자형 포인터를 이용하여 생성할 수 있어.

[코드 5]를 작성해 보자.

[코드 5] 문자 포인터를 이용한 문자열 처리

```
#include <stdio.h>
#include <stdlib.h>

int main()
{
   char *str = "banana";        /* [CODE 1] */
   printf("Address %X : %X Data %s\n", &str, str, str);

   for (int i=0; i < 6; i++)
   {
      printf("[%d] Address %X Data : %c\n", i, (str+i), *(str+i));
   }

   system("pause");
   return 0;
}
```

코드를 저장한 후 실행하면 다음과 같은 결과가 나타날 거야.

```
Address 28FF08 : 408224 Data banana
[0] Address 408224 : Data : b
[1] Address 408225 : Data : a
[2] Address 408226 : Data : n
[3] Address 408227 : Data : a
[4] Address 408228 : Data : n
[5] Address 408229 : Data : a
```

[코드 5]에 대한 메모리 구조는 [그림 5]와 같아.

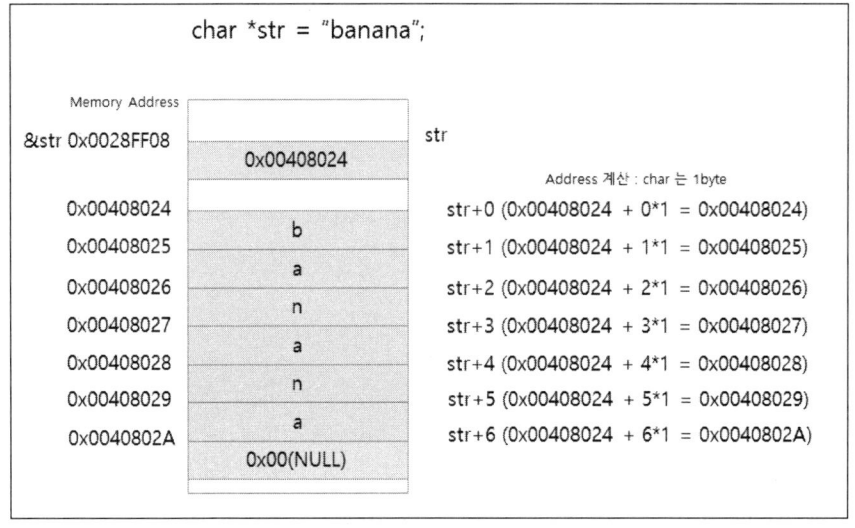

[그림 5] 문자형 포인터를 이용한 문자열 처리

13장을 마치며

이번 장에서 포인터에 대해 알아 보았지? 포인터 변수의 메모리 주소 계산이 어렵지. 그리고 변수를 그냥 사용하면 되는데 포인터를 사용해야 하는 이유에 대해 아직 잘 모르겠지?

다음 장에서 배울 함수에서 포인터가 왜 필요한지 그 이유를 설명할거니깐 조금 어렵더라도 천천히 잘 읽어 보기 바래. 그러면 분명히 이해할 수 있을 거야.

14장 함수의 활용

14.1 함수의 선언 및 활용

14.2 전역 변수와 지역 변수

14.3 매개 변수의 전달

2장에서 믹서기 이야기를 하면서 함수(function; 펑션)에 대해 잠시 이야기했었지?

함수는 특정 작업을 실행하기 위해 구성해 놓은 하나의 독립된 조각(module; 모듈)이라고 할 수 있어. 이 모듈은 여러 개의 입력 값을 받아서 특정 작업을 실행하고, 실행 결과 값을 반환(return; 리턴)하는 구조를 가진단다. 이때 함수에 전달되는 값을 인자(argument; 아규먼트)라고 하고 되돌려주는 값을 리턴(return) 값이라고 해.

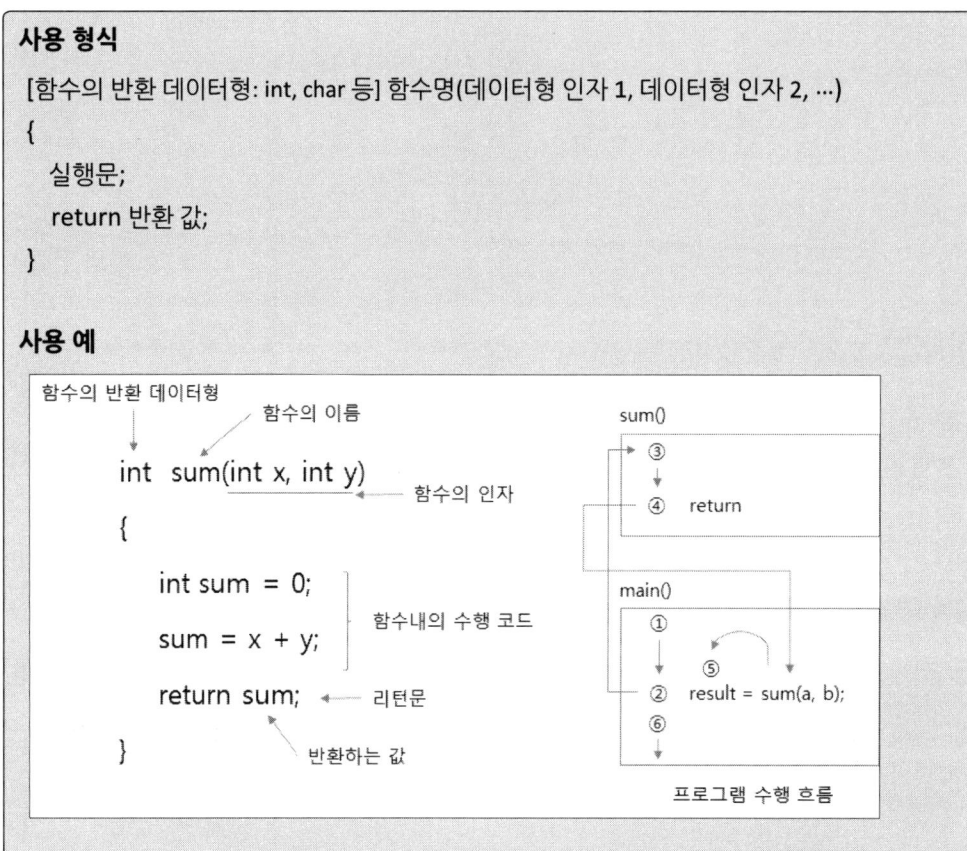

사용 예에 나온 용어들을 하나씩 살펴볼까?

- 함수의 반환 데이터형: 함수의 반환 데이터형은 함수 내부에서 처리한 결과 값을 전달할 때 어떤 형식으로 반환할지를 지정한단다. 위의 예에서 함수의 반환 데이터형이 int이므로 return 문에서 사용한 변수인 sum도 정수형 변수란다. 만약 함수의 반환 데이터형이 없다면 void라고 지정하고 return 문도 사용하지 않으면 돼.

- 함수의 이름: 함수의 이름은 중복될 수 없어. 프로그램이 실행될 때 동일한 이름의 함수가 있으면 어떤 함수를 실행해야 할지 알 수 없기 때문이야. printf()와 같이 이미 제공되고 있는 함수의 이름도 당연히 사용할 수 없겠지.

- 함수의 인자: 함수의 인자는 전달할 데이터가 없는 경우에는 기입하지 않아도 되고, 전달할 데이터형과 변수명을 지정하는데 전달한 데이터가 많은 경우에는 ,를 이용해서 분리하면 된단다.

- 리턴 문: 함수의 경우 처리한 결과 값을 호출한 측으로 반환하는데 이때 'return 반환 값;' 형식을 사용해. 함수 안에서 리턴 문을 만나면 이후의 명령문은 모두 무시하고 바로 함수의 결과 값을 반환하고 함수에서 빠져 나온다는 점을 기억해야 해. 만약 함수의 반환 데이터형을 void로 선언한 경우엔 'return;' 형식으로 작성하거나 제외할 수 있어.

C 언어에서 사용할 수 있는 함수는 크게 3가지 종류가 있고 다음과 같단다.

① 메인(main) 함수

메인 함수는 함수명을 main()이라고 지정한 것으로 모든 프로그램에 존재하는 함수란다. 모든 프로그램의 시작은 메인 함수에서 시작하고 메인 함수에서 종료하게 되어 있어. 지금까지 예제를 만들면서 main() 함수가 항상 사용되었다는 것을 기억하면 될 거야.

② **라이브러리(library)**

라이브러리의 사전적 의미는 도서관이잖아? printf()나 scanf()처럼 C 언어에서 지원하는 함수들을 모아놓은 것을 의미해. C 언어는 문자 처리, 수학 처리, 그래프 처리 등을 지원하는 다양한 라이브러리를 제공하고 있어서 우리의 프로그램 노력을 덜어준단다. 라이브러리 함수를 사용할 때는 반드시 헤더 파일(header file)을 포함시키고 사용해야 하는데 그 이유는 잠시 후에 설명할게.

③ **사용자 정의(user defined; 유저 디파인드) 함수**

우리가 필요에 의해 작성하는 함수를 '사용자 정의 함수'라고 해. 사용자 정의 함수는 프로그램을 작성하면서 자주 사용해야 하거나 별도로 모듈(module)화해야 할 경우에 사용한단다.

14.1 함수의 선언 및 활용

함수에 대해 일반적인 설명을 했으니 간단한 덧셈 프로그램을 작성해 보자.

[코드 1] add() 함수의 구성

```c
#include <stdio.h>
#include <stdlib.h>

/* [CODE 1] */
int add(int x, int y)
{
    int sum = 0;
    sum = x + y;

    return sum;
}

int main()
{
    int a = 10;
    int b = 20;
    int c = 30;
    int result = 0;

    /* [CODE2] */
    result = add(a, b);
    printf("%d + %d = %d\n", a, b, result);

    /* [CODE3] */
    result = add(b, c);
    printf("%d + %d = %d\n", b, c, result);

    /* [CODE4] */
    printf("%d + %d = %d\n", a, c, add(a, c));

    system("pause");
    return 0;
}
```

코드를 저장한 후 실행하면 다음과 같은 결과가 나타날 거야.

```
10 + 20 = 30
20 + 30 = 50
10 + 30 = 40
```

각 부문별로 살펴볼까?

[CODE 1]에서는 add()라는 함수를 작성했어. 인자 값은 정수형 변수 x와 y를 받을 수 있게 했고, 반환 값은 정수형 변수의 형태로 되어 있지? 그리고 함수 내부에서는 전달받은 인자 x와 y의 합을 계산해서 반환하는 구조로 되어 있어.

[CODE 2]는 main() 함수에서 add() 함수를 실제로 호출하는 방법을 보여주고 있어. 함수를 호출할 경우에는 함수명과 지정한 인자의 개수만큼 데이터형을 맞춰서 전달하면 된단다. 그리고 반환하는 값을 대입 연산자(=)를 사용하여 변수에 저장할 수 있지. 실제 함수로 전달되는 인자는 변수가 가지고 있는 값이라는 것을 기억하기 바래. 즉, 변수명을 사용하지 않고 실제 값(상수)를 입력해도 상관 없다는 이야기지.

[CODE 3]에서도 add() 함수를 호출하는데, 전달하는 변수가 a와 c로 달라졌다는 사실을 알 수 있을 거야. 즉, 함수는 한번 작성했지만 호출하는 값에 따라서 결과 값이 달라진다는 것을 확인할 수 있어. 앞에서 설명했듯이 믹서기가 한 대만 있어도 딸기 주스도 만들고 바나나 주스도 만들 수 있는 것과 같은 이치란다.

[CODE 4]에서는 함수를 호출하면서 반환 값을 변수로 받지 않고 %d 인자로 직접 연결시킨 예를 보여주고 있어. add() 함수를 실행하면 반환 값이 대입 연산자를 통하지 않고도 printf() 함수의 포맷 문자열로 바로 전달될 수 있는 것이지.

One More

result = add(add(10, 20), add(30, 40));

위와 같이 하면 어떤 결과 값이 나올까? 괄호가 여러 개 중복되어 있으면 안에 있는 괄호부터 계산하기 때문에 add(10, 20)의 결과 값인 30과 add(30, 40)의 결과 값인 40이 다시 sum(30, 70)으로 처리되어 100이라는 값을 result에 대입한단다. 즉, 함수의 인자로 함수의 결과 값을 입력해도 무방해. 왜냐하면 함수가 수행된 후 나오는 결과는 단순히 함수의 반환 데이터형의 값이기 때문이다.

[코드 1]의 main()과 add()의 위치를 [코드 2]와 같이 변경한 후 컴파일해 볼까?

[코드 2] add() 함수 위치 변경에 따른 경고의 발생

```
#include <stdio.h>
#include <stdlib.h>

int main()
{
  int a = 10;
  int b = 20;
  int c = 30;
  int result = 0;

  result = add(a, b);
  printf("%d + %d = %d\n", a, b, result);

  result = add(b, c);
  printf("%d + %d = %d\n", b, c, result);

  printf("%d + %d = %d\n", a, c, add(a, c));

  system("pause");
  return 0;
}
```

```
int add(int x, int y)
{
    int sum = 0;
    sum = x + y;

    return sum;
}
```

코드를 저장한 후 컴파일을 하면 실행이 되기는 하지만 코드블록 하단의 [Build Log] 부분에 아래와 같은 경고가 나타난단다.

```
In function 'main':「'main' 함수 내부에서」
warning: implicit declaration of function 'add' [-Wimplicit-function-declaration]
「경고:암시적으로 선언된 함수 'add'」
    result = add(a, b);
    ^
```

조금 어려운 개념이 나왔네. 처음이니까 어려운 거지, 이해하고 나면 그다지 어렵지는 않을 거야. 프로그래밍에는 명시적 선언(explicit declaration; 익스플리시트 데클라레이션)과 암시적 선언(implicit declaration; 임플리시트 데클라레이션)이라는 것이 있어.

명시적 선언은 변수나 함수에 대해서 속성과 범위를 표시해 놓은 것을 의미하고, 암시적 선언은 선언이 별도로 없어서 컴파일러가 임의로 판단하는 것을 의미한단다. 즉, add()라는 함수가 어떤 형식인지 알 수 없다는 의미야.

[코드 1]에서는 경고가 발생하지 않았는데 [코드 2]에서 경고가 발생한 이유가 뭘까?

[코드 2]에서는 main() 함수 뒤에 add() 함수를 작성했지? 프로그램은 컴파일될 때 위에서 아래로 내려가면서 수행한단다. 그러면 main() 함수에서는 add() 함수가 있는

지 모르는 상태에서 컴파일을 하겠지? 그렇기 때문에 add() 함수가 어디 있는지 모른다는 경고를 내는 것이야.

이런 경고를 막으려면 다음과 같이 코드를 수정해야 해.

[코드 3] 함수의 명시적 선언

```
#include <stdio.h>
#include <stdlib.h>

int add(int x, int y);    // 함수의 명시적 선언

int main()
{
    ... 생략
}

int add(int x, int y)
{
    ... 생략
}
```

[코드 3]과 같이 add() 함수의 선언부를 main() 함수 위에 두면 main() 함수는 컴파일 시 어딘가에 add() 함수가 있다는 것을 알게 되고 컴파일러는 오류를 발생시키지 않고 처리를 한단다.

앞에서 라이브러리를 사용할 때 헤더 파일을 포함(#include)한다고 했는데 헤더 파일에는 라이브러리에서 제공하는 함수들의 명시적 선언이 포함되어 있단다.

14.2 전역 변수와 지역 변수

전역(global; 글로벌)의 사전적 의미는 '모든 범위'이며, 지역(local; 로컬)의 사전적 의미는 '일정하게 구획된 어느 범위'란다. 변수를 전역 변수와 지역 변수로 구분할 수 있는데 변수가 활용되는 범위에 따라 나눠진단다.

아래 코드를 볼까?

[코드 4] 전역 변수와 지역 변수

```c
#include <stdio.h>
#include <stdlib.h>

int b;

void func()
{
   int a;
   a = 2;
   b = 20;

   printf("In func - a:%d , b:%d\n", a, b);
}

int main()
{
   int a;
   a = 1;
   b = 10;

   printf("Before func - a:%d , b:%d\n", a, b);

   func();
```

```
    printf("After func - a:%d , b:%d\n", a, b);

    system("pause");
    return 0;
}
```

코드를 저장한 후 실행하면 다음과 같은 결과가 나타날 거야.

```
Before func – a:1 , b:10
In func – a:2 , b:20
After func – a:1 , b:20
```

[코드 4]를 보면 정수형 변수인 a가 func() 함수와 main() 함수에 있지?

프로그램에 동일한 이름의 변수를 사용하면 컴파일러가 혼동을 일으켜서 오류가 발생한다고 이야기했었는데, 기억하니? 그런데 [코드 4]에서는 오류가 발생하지 않는단다. 왜 그럴까?

여기서 우리는 지역 변수라는 개념을 이해할 수 있어야 해. 지역 변수는 선언된 함수 내부에서만 효력을 발휘하고 다른 함수에서는 영향력을 미치지 않는다는 특성을 가지고 있어. 즉, a 변수가 func() 함수에서만 사용할 수 있는 a와 main() 함수에서 사용할 수 있는 a로 구분되고, 메모리상에서도 이름은 같지만 다른 위치에 존재하는 서로 간섭되지 않는 변수가 되는 것이란다.

[그림 1]을 볼까?

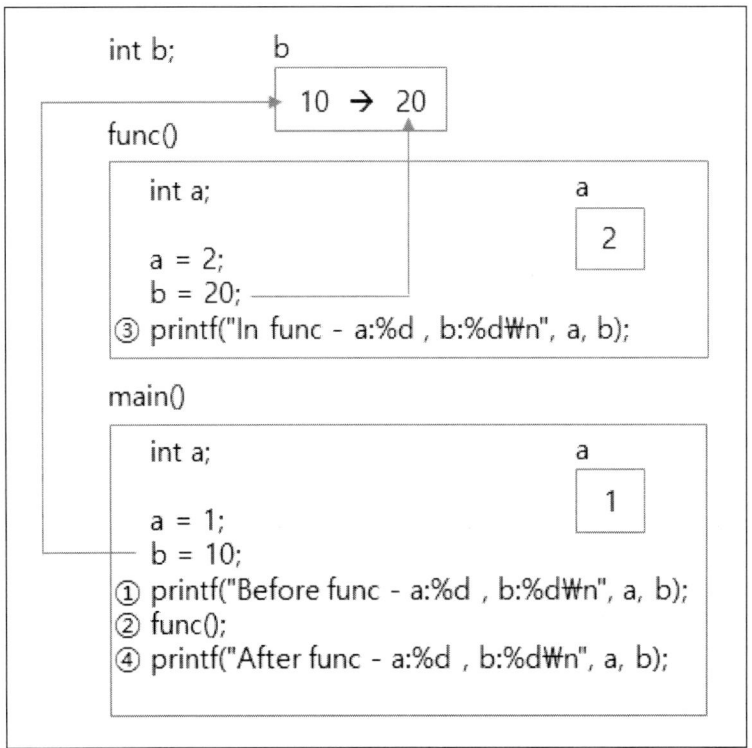

[그림 1] 지역 변수와 전역 변수의 범위

a 변수가 함수 내에 존재하고 별도로 값이 반영되는 것을 확인할 수 있단다.

변수 b의 경우에는 func() 함수와 main() 함수에서 선언되지 않고 두 함수의 밖에 선언되어 있지? 이런 경우를 전역 변수라고 하고, 프로그램 내의 함수 어느 곳에서나 사용할 수 있고 선언된 변수의 값을 함께 사용한단다.

> 아빠~

전역 변수의 이름과 지역 변수의 이름이 같으면 어떻게 해요?

전역 변수와 지역 변수의 이름이 같을 수도 있겠지! 이럴 경우, 지역 변수가 선언된 함수 내부에서는 지역 변수를 사용하고, 선언되지 않은 함수에서는 전역 변수를 사용한단다. 간단하지!

```c
int a;

void func()
{
    int a;
    a = 2;
}

int main()
{
    a = 1;
}
```

위의 예에서 func() 함수의 a는 지역 변수로 사용되고, main() 함수에서는 전역 변수 a를 사용한단다.

14.3 매개 변수의 전달

매개 변수는 함수에 전달되는 인자(argument)를 일컫는 말이야.

앞에서 함수를 배우면서 함수의 인자를 선언하고 사용하는 방법을 간단하게 알아보았는데 여기서는 좀더 자세하게 이야기해 보려고 해.

우리가 전달한 인자는 함수 내에서 지역 변수처럼 동작하고 해당 변수명의 메모리가 설정되는 거라고 할 수 있어. [그림 2]를 보면 쉽게 이해될 거야.

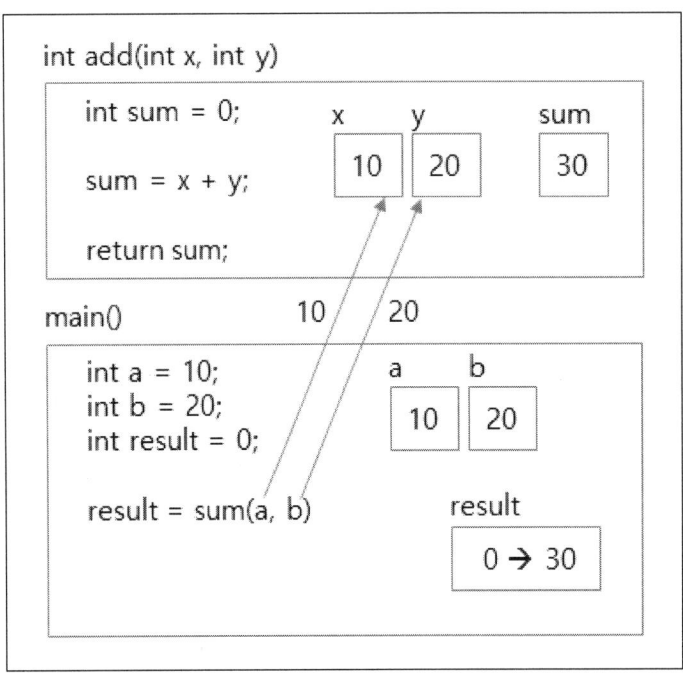

[그림 2] 값 전달 방식(Call-by-Value; 콜 바이 밸류)

[그림 2]의 add 함수는 매개 변수로 int x와 int y를 가지고 있지. 이 두 매개 변수는 add() 함수에서 값을 전달 받기 위해 선언된 변수이고 함수의 지역 변수로 활용된단다. 즉, 호출한 main() 함수에서는 접근할 수 없는 변수이고 단순하게 값만 전달할 수 있단다. 이렇게 함수에 값만 지정해서 호출하는 방식을 '값 전달 방식'이라고 한단다.

[코드 5]를 작성해 볼까?

[코드 5] 값 전달 방식, 참조(주소) 전달 방식의 호출

```c
#include <stdio.h>
#include <stdlib.h>

void swap1(int x, int y)
{
    int temp = 0;
    temp = x;
    x = y;
    y = temp;
}

void swap2(int *x, int *y)
{
    int temp = 0;
    temp = *x;
    *x = *y;
    *y = temp;
}

int main()
{
    int a = 10;
    int b = 20;

    printf("Call by Value(Before swap1) - a:%d b:%d\n", a, b);
    swap1(a, b);
    printf("Call by Value(After swap1) - a:%d b:%d\n", a, b);

    printf("Call by Reference(Before swap2) - a:%d b:%d\n", a, b);
    swap2(&a, &b);
    printf("Call by Reference(After swap2) - a:%d b:%d\n", a, b);

    system("pause");
    return 0;
}
```

코드를 저장한 후 실행하면 다음과 같은 결과가 나타날 거야.

```
Call by Value(Before swap1)- a:10 , b:20
Call by Value(After swap1)- a:10 , b:20
Call by Reference(Before swap2)- a:10 , b:20
Call by Reference(After swap2)- a:20 , b:10
```

[코드 5]에는 유사한 형태의 swap1() 함수와 swap2() 함수가 있는데 결과 값은 다르게 나온다는 것을 확인할 수 있지?

[그림 3]을 보자.

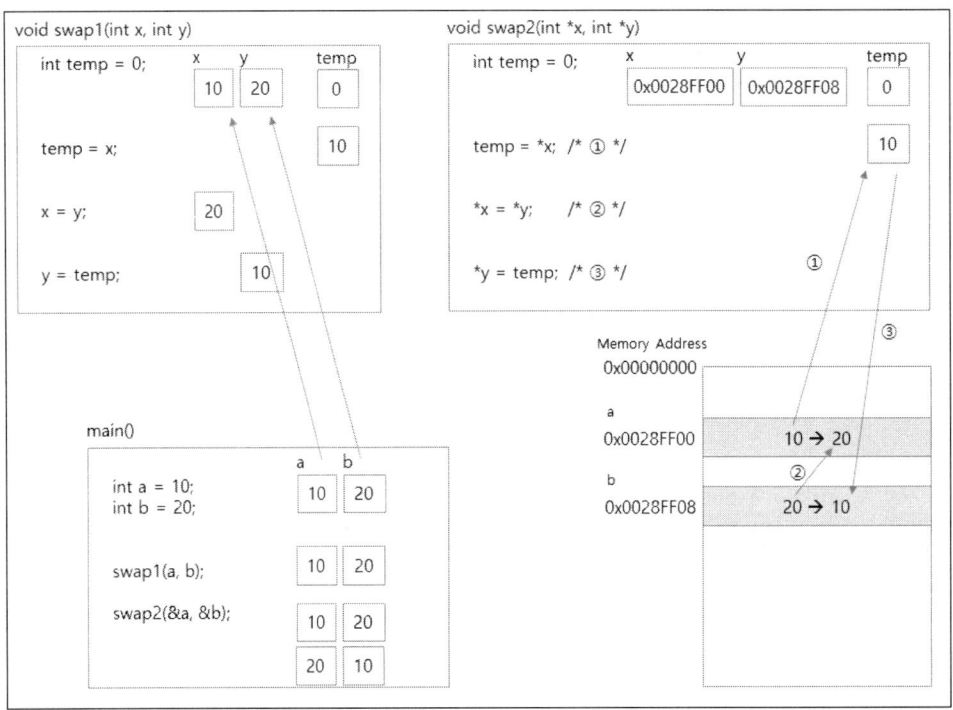

[그림 3] 값 호출과 참조 호출의 값 변화

[그림 3]에서 swap1() 함수는 값 전달(Call by Value) 방식이야. 여기서 x 변수와 y 변수는 지역 변수로 만들어진 후 함수 내부에서 두 값을 바꿨지만 함수를 수행하고 main() 으로 돌아오면 호출할 때 인자로 사용한 a와 b는 원래의 값을 그대로 유지하고 있지?

그렇지만 swap2() 함수는 호출 인자로 a의 주소와 b의 주소를 넘겨주고 있어. 이 경우 swap2() 함수를 수행하고 main() 함수로 돌아오면 a와 b의 값이 바뀐 것을 확인할 수 있단다. 이렇게 주소를 인자로 전달하는 방식을 참조(주소) 호출(Call by Reference; 콜 바이 레퍼런스)이라고 해.

swap2() 함수 내부에서는 ① 전달받은 주소가 가지고 있는 값을 읽어 와서 temp에 저장하고 ② 전달받은 y가 가지고 있는 주소에 저장되어 있는 값을 읽어와서 x가 가리키고 있는 주소 내부의 값에 저장한 후 ③ temp의 값을 y에 저장되어 있는 주소가 가리키고 있는 곳에 넣는단다.

이렇게 되면 결국 swap2() 함수의 인자로 받은 x와 y는 main() 함수에 있는 a 변수와 b 변수에 직접 접근하는 것과 동일한 효과를 갖는단다.

4장, "화면 입출력"에서 scanf() 함수를 배울 때 변수의 주소를 넘겨 주는 이유를 이제 이해할 수 있겠지? 함수 안에서 인자의 값을 변경한 후 원래 호출 함수에서 사용하기 위해서는 참조 호출 방식을 사용할 수 밖에 없었던 것이지.

14장을 마치며

이번 장에서는 함수를 작성하고, 함수에서 처리할 데이터를 값 호출 방식과 참조 호출 방식으로 전달하는 방법을 알아 보았어.

또한 프로그램 전 지역에서 접근할 수 있는 전역 변수와 함수 안에서만 접근할 수 있는 지역 변수에 대해서도 알아 보았어.

참조 호출 방식은 포인터를 이용하여 변수의 주소를 전달하고, 호출 당한 함수에서 호출한 함수의 변수 값을 바꿀 수 있는 유용한 방법이니 값 호출 방식과 참조 호출 방식의 차이점에 대해 확실히 이해라고 넘어가기 바래.

15장 구조체의 활용

15.1 구조체의 선언 및 초기화

15.2 구조체 포인터 변수 선언 및 초기화

15.3 구조체 멤버의 접근 및 활용

15.4 구조체 배열

구조체(structure; 구조체)는 다른 여러 개의 데이터 형식을 하나의 덩어리(집합체)로 만들어서 처리할 수 있는 데이터 형식이야. 구조체를 이용하면 승준이가 원하는 형식의 데이터 덩어리를 만들어서 편하게 사용할 수 있는 장점이 있단다.

15.1 구조체의 선언 및 초기화

구조체를 선언하기 위해서는 struct라는 키워드를 사용해서 다음과 같이 정의해야 해.

사용 형식

1) 구조체 태그와 변수를 함께 선언하는 방식

struct 태그명 {
    데이터형 변수명;
    ...
    데이터형 변수명;
} 구조체_변수명;

2) 구조체 태그를 선언한 후 변수를 선언하는 방식

struct 태그명 {
    데이터형 변수명;
    ...
    데이터형 변수명;
};
struct 태그명 구조체_변수명

사용 예

```
struct score {
    char name[20];
    int kor;
    int eng;
    int math;
} class_score;
```

또는

```
struct score {
    char name[20];
    int kor;
    int eng;
    int math;
};
struct score class_score;
```

위와 같이 선언된 구조체 변수 class_score는 4개의 멤버(name, kor, eng, math)를 가지며, 태그명으로는 score를 가지는 형태란다. class_score라는 구조체 변수는 다음과 같이 연속되어 있는 데이터로 만들어진단다.

class_score			
char name[20]	int kor	int eng	int math

변수의 크기 : 1byte(char) * 20 + 4byte(int) + 4byte(int) + 4byte(int) = 32bytes

선언된 구조체의 초기화를 다음과 같은 방식으로 할 수 있어.

사용 형식

1) 구조체 태그와 변수를 함께 선언하는 방식

struct 태그명 {
   데이터형 변수명;
   ...
   데이터형 변수명;
} 구조체_변수명 = {각 멤버의 데이터 값};

사용 예

```
struct score {
   char name[20];
   int kor;
   int eng;
   int math;
} class_score = {"이승준", 100, 95, 100};
```

또는

```
struct score {
   char name[20];
   int kor;
   int eng;
   int math;
};
struct score class_score = {"이승준", 100, 95, 100};
```

class_score라는 구조체 변수는 다음과 같이 초기화된단다.

class_score	name	kor	eng	math
	이승준	100	95	100

구조체와 배열은 데이터를 덩어리 형태로 관리한다는 점에서는 유사하지만 크게 두 가지 다른 점이 있단다.

- 배열은 동일한 데이터 형식만 사용할 수 있지만 구조체의 경우에는 다양한 데이터 형식을 하나의 덩어리로 관리할 수 있어.

- 배열 요소(엘리먼트)에 접근하기 위해 인덱스(index)를 이용하기 때문에 인덱스에 따른 값에 어떤 의미가 있는지 알아야 해. 그러나 구조체의 경우에는 변수명으로 접근 가능하기 때문에 프로그래밍 코드가 조금 더 직관적이 된단다.

15.2 구조체 포인터 변수 선언 및 초기화

구조체 포인터 변수의 초기화도 일반 포인터 변수의 초기화 방법과 동일한 형식을 사용한단다. 단, 구조체 포인터 변수의 경우에는 구조체 변수의 주소명으로 초기화해야 해. 아래 사용 예를 볼까?

사용 예

```
struct score {
    char name[20];
    int kor;
    int eng;
    int math;
} class_score = {"이승준", 100, 95, 100}, *ptr;

ptr = &class_score;
```

또는

```
struct score {
    char name[20];
    int kor;
    int eng;
    int math;
};
struct score class_score = {"이승준", 100, 95, 100};
struct score *ptr;
ptr = &class_score;
```

15.3 구조체 멤버의 접근 및 활용

구조체로 정의된 멤버 값에 접근하기 위해서는 [표 1]과 같은 연산자를 사용할 수 있다.

연산자	명칭	참조 방식
.	직접 참조 연산자 (점 연산자 = 도트 연산자)	구조체 변수를 이용하여 멤버 변수에 접근 (사용 예: class_score.kor)
->	간접 참조 연산자 (화살표 연산자 = 애로우 연산자)	구조체 포인터 변수를 이용하여 변수에 접근 (사용 예: ptr->kor)

[표 1] 구조체 멤버 변수 접근 연산자

직접 참조 연산자의 사용 방법을 확인하기 위해 [코드 1]을 작성해 보자.

[코드 1] 직접 참조 연산자를 이용한 멤버 변수의 접근

```c
#include <stdio.h>
#include <stdlib.h>

int main()
{
    struct score {
    char name[20];
    int kor;
    int eng;
    int math;
    } class_score = {"이승준", 100, 95, 100};

    printf("이름: %s\n", class_score.name);
    printf("국어: %d\n", class_score.kor);

    class_score.eng = 100;    /* [CODE 1] */
    printf("영어: %d\n", class_score.eng);
```

```
    printf("수학: %d\n", class_score.math);

    system("pause");
    return 0;
}
```

코드를 저장한 후 실행하면 다음과 같은 결과가 나타날 거야.

```
이름: 이승준
국어: 100
영어: 100
수학: 100
```

[코드 1]을 보면 구조체를 선언한 후 멤버 변수에 접근하기 위해 직접 참조 연산자를 사용했고, [CODE 1]에서는 구조체 멤버 변수에 값을 대입할 수 있다는 것을 확인할 수 있어.

간접 참조 연산자의 활용 방법을 확인하기 위해 [코드 2]를 작성해 보자.

[코드 2] 간접 참조 연산자를 이용한 멤버 변수의 접근

```
#include <stdio.h>
#include <stdlib.h>

int main()
{
    struct score {
        char name[20];
        int kor;
        int eng;
        int math;
```

```c
    } class_score = {"이승준", 100, 95, 100}, *ptr;

    ptr = &class_score;          /* [CODE 1] */

    printf("이름: %s\n", ptr->name);
    printf("국어: %d\n", ptr->kor);

    ptr->eng = 100;
    printf("영어: %d\n", ptr->eng);

    printf("수학: %d\n", ptr->math);

    system("pause");
    return 0;
}
```

[CODE 1]에서 class_score 변수의 주소를 포인터 변수인 ptr에 할당하고 간접 참조 연산자를 이용하여 멤버 변수의 값을 읽어 오거나 대입할 수 있다는 것을 확인할 수 있겠지?

15.4 구조체 배열

구조체 변수를 배열형으로 선언할 수도 있어. 가령, 한 반 전체 학생의 성적을 관리해야 할 때 구조체 배열이 유용할 거야.

[코드 3] 구조체 배열의 직접 참조 활용

```c
#include <stdio.h>
#include <stdlib.h>

int main()
{
  struct score {
    char name[20];
    int kor;
    int eng;
    int math;
  } class_score[3] = {{"이승준", 100, 95, 100}, {"이서연", 95, 100, 100}, {"홍길동", 100, 100, 95}};

  for (int i=0; i < 3; i++)
  {
    printf("이름: %s, 국어: %d, 영어: %d, 수학: %d\n", class_score[i].name, class_score[i].kor, class_score[i].eng, class_score[i].math);
  }

  system("pause");
  return 0;
}
```

코드를 저장한 후 실행하면 다음과 같은 결과가 나타날 거야.

```
이름: 이승준, 국어: 100, 영어: 95, 수학: 100
이름: 이서연, 국어: 95, 영어: 100, 수학: 100
이름: 홍길동, 국어: 100, 영어: 100, 수학: 95
```

[코드 4] 구조체 배열의 간접 참조 활용

```c
#include <stdio.h>
#include <stdlib.h>

int main()
{
   struct score {
      char name[20];
      int kor;
      int eng;
      int math;
   } class_score[3] = {{"이승준", 100, 95, 100}, {"이서연", 95, 100, 100}, {"홍길동", 100, 100, 95}}, *ptr;

   ptr = &class_score[0];    // ptr = class_score;과 동일

   for (int i=0; i < 3; i++)
   {
      /* [CODE 1] */
      printf("이름: %s, 국어: %d, 영어: %d, 수학: %d\n", (ptr+i)->name, (ptr+i)->kor, (ptr+i)->eng, (ptr+i)->math);
   }

   system("pause");
   return 0;
}
```

[코드 4]에서 class_score 변수는 score 태그 구조체 3개를 가지는 배열형으로 선언했어. 그리고 초기화는 2차원 배열의 초기화와 유사한 형태로 할 수 있단다.

[CODE 1]은 포인터의 주소 계산과 동일한 형식으로 처리되는데 ptr이 가지고 있는 주소에서 정수 1의 값이 증가할 때마다 구조체 크기만큼 건너 뛰면서 위치 계산을 하게 된단다.

15장을 마치며

이번 장에서는 여러 데이터형을 하나의 덩어리로 관리할 수 있는 구조체에 대해 알아보았어. 구조체의 변수를 배열로 지정할 경우 여러 개의 구조체를 한꺼번에 관리할 수 있으므로 한 반 전체의 성적을 처리하는 용도 등으로 활용할 수 있다는 점을 기억하기 바래.

다음 장에서는 공용체를 알아볼 거야.

16장 공용체의 활용

16.1 공용체의 선언 및 초기화

16.2 공용체 멤버의 참조

공용체(union; 유니온)는 앞 장에서 배운 구조체와 유사한 형식을 가지지만 여러 멤버 변수들이 동일한 메모리 공간을 사용한다는 점에서 구조체와 다르단다.

공용체를 선언하려면 union이라는 키워드를 사용해야 하고, 메모리 크기는 선언한 변수 중 가장 큰 크기로 할당된단다.

16.1 공용체의 선언 및 초기화

공용체를 선언하고 초기화하는 형식은 다음과 같아.

사용 형식

1) 공용체 태그와 변수를 함께 선언하는 방식
union 태그명 {
   데이터형 변수명;
   ...
   데이터형 변수명;
} 공용체_변수명;

2) 공용체 태그를 선언한 후 변수를 선언하는 방식
union 태그명 {
   데이터형 변수명;
   ...
   데이터형 변수명;
};
union 태그명 공용체_변수명

사용 예

```
union any_number {
   int a;
   double b;
   char c;
} number;
```

또는

```
union any_number {
   int a;
   double b;
   char c;
};
union any_number number;
```

위와 같이 선언된 공용체 변수 number는 3개의 멤버 a(int : 4byte), b(double : 8byte), c(char : 1byte)를 가지는데 number의 크기는 가장 큰 8바이트가 된단다.

16.2 공용체 멤버의 참조

공용체 멤버의 참조는 구조체 멤버 변수에 접근하는 방식과 동일해.

공용체는 하나의 메모리 영역을 멤버가 공동으로 사용하기 때문에 하나의 멤버 변수에 값을 대입하는 순간 나머지 멤버 변수로 접근해도 동일한 값을 가진단다.

[코드 1]을 작성해 보자.

[코드 1] 공용체 멤버 변수의 할당(1)

```
#include <stdio.h>
#include <stdlib.h>

int main()
{
   union any_number {
      int a;
      double b;
      char c;
   } number;

   number.a = 1;

   printf("a : %d\n", number.a);
   printf("b : %d\n", number.b);
   printf("c : %d\n", number.c);

   system("pause");
   return 0;
}
```

코드를 저장한 후 실행하면 다음과 같은 결과가 나타날 거야.

```
a : 1
b : 1
c : 1
```

[코드 1]에서 공용체 변수 number의 멤버 변수인 a에 값을 대입하고 나면 다른 멤버 변수인 b와 c에도 동일한 값이 있는 것이 확인되지. 공용체 변수가 동일한 메모리를 사용하기 때문에 이렇게 되는 것이란다.

멤버 변수에 값을 개별적으로 할당할 수도 있는데 이를 확인하기 위해 [코드 2]를 작성해 보자.

[코드 2] 공용체 멤버 변수의 할당(2)

```c
#include <stdio.h>
#include <stdlib.h>

int main()
{
    union any_number {
        int a;
        double b;
        char c;
    } number;

    number.a = 1;
    printf("a : %d\n", number.a);
    number.b = 2.1;
    printf("b : %f\n", number.b);
    number.c = 'c';
    printf("c : %c\n", number.c);
    printf("a : %d\n", number.a);
```

```
system("pause");
return 0;
}
```

코드를 저장한 후 실행하면 다음과 같은 결과가 나타난단다.

```
a : 1
b : 2.100000
c : c
a : -858993565
```

[코드 2]에서는 공용체의 모든 멤버 변수에 값을 대입하고 조회할 수 있다는 것을 알 수 있어. 그러나 맨 마지막 값을 보면 처음 초기화한 a = 1이 아니고 a = -858993565와 같이 이상한 값이 출력되는 것을 확인할 수 있어.

구조체와 달리 공용체의 경우 선언한 변수의 값이 변경되면 이전 멤버 변수의 경우 전혀 다른 값으로 인식될 수 있으니 주의해야 해.

16장을 마치며

이번 장에서는 메모리를 공유해서 사용하는 공용체에 대해 알아보았어. 공용체에서 멤버 변수들은 메모리를 공통으로 사용하기 때문에 메모리 공간을 적게 사용하는 장점이 있지만, 때로는 원치 않는 결과가 나올 수 있으므로 실제 프로그래밍에서는 잘 사용하지 않는다는 점을 기억하기 바래.

다음 장에서는 파일 입출력을 살펴보자.

17장 파일 입출력

17.1 파일의 선언

17.2 파일 쓰기

17.3 파일 읽기

프로그램의 대표적인 입력 장치는 키보드이고 출력 장치는 모니터라고 할 수 있겠지.

키보드에서 입력을 받기 위해 scanf()라는 함수를 사용했고, 모니터로 출력을 하기 위해 printf()라는 함수를 사용했어.

그렇지만 실제로는 데이터를 하드 디스크나 메모리에 저장해 두었다가 필요할 때 불러와서 사용하는 경우가 많이 있단다.

이번 장에서는 지정된 위치에 데이터를 저장하고, 저장된 데이터를 읽어오는 방법에 대해 알아 보도록 하자.

17.1 파일의 선언

저장 장치에 있는 데이터를 파일(FILE)이라고 하는데 C 언어에서는 파일에 접근하기 위해 FILE(파일)이라는 포인터 변수를 사용한단다.

파일을 다음과 같이 정의할 수 있어.

사용 형식

FILE *파일포인터_변수명;   // 파일포인터의 선언
파일포인터_변수명= fopen(파일명, 모드);   // 해당 파일의 열기
fclose(파일포인터_변수명);   // 파일의 사용이 끝나면 반드시 닫기

모드	기능
r	파일명에 해당하는 파일을 읽기 전용으로 연단다.
w	파일명에 해당하는 파일을 쓰기 전용으로 열어. 파일이 존재하지 않으면 새로운 파일이 만들어지고, 기존에 파일이 있으면 삭제하고 만들어진단다.
a	기존 파일에 추가적으로 데이터를 쓴단다. 파일이 존재하지 않으면 새로운 파일을 생성해.
rb	바이너리(binary: 이진 데이터) 형식의 파일을 읽어.
wb	바이너리(binary: 이진 데이터) 형식의 파일을 쓴단다.
ab	바이너리(binary: 이진데이터) 형식의 파일을 추가해.
r+	읽고 쓰기 모드야.
w+	쓰고 읽기 모드야.

fopen()에서 사용하는 첫 번째 인자는 파일명으로, 실제 파일이 위치한 경로와 파일명을 포함해. 프로그램이 실행되는 위치에 파일이 있으면 파일명만 입력해도 상관없어. 하위 디렉터리를 표시하는 경우에는 \\를 사용해. 예를 들어 하드 드라이브 C 밑에 temp라는 디렉터리가 있고 거기에 test.txt라는 파일이 있으면 c:\\temp\\test.txt 형식으로 지정한단다.

사용 예

FILE *fp;
fp = fopen("c:\\temp\\test.txt", "r");
fclose(fp);

fopen() 함수를 이용해서 파일을 열 때 파일이 존재하지 않으면 전달 받는 파일포인터에 NULL이 반환된단다.

17.2 파일 쓰기

파일에 텍스트 자료를 쓰기 위해 사용할 수 있는 함수를 [표 1]에 정리해 두었어.

함수명	기능 및 예
fputc(char ch, 파일포인터)	FILE에 한 문자 쓰기(예: fputc('a', fp);)
fputs(char* str, 파일포인터)	FILE에 문자열 쓰기(예: fputs("HELLO", fp);)
fprintf(파일포인터, 포맷 스트링, 전달 인자)	printf()와 동일한 형식으로 파일 쓰기(예: fprintf(fp, "%d", 10);)

[표 1] 파일 쓰기 함수

1) 한 문자의 저장: fputc()

문자형(char) 변수를 파일로 쓰려면 fputc() 함수를 사용한다.

[코드 1]을 작성해 보자.

[코드 1] 문자 단위 파일 쓰기: fputc()

```c
#include <stdio.h>
#include <stdlib.h>

int main()
{
    FILE *fp;
    fp = fopen("c:\\temp\\test.txt", "w");

    fputc('H', fp);
    fputc('E', fp);
    fputc('L', fp);
    fputc('L', fp);
    fputc('O', fp);
```

```
    fclose(fp);            // 파일 쓰기를 마친 후 닫아준다

    system("pause");
    return 0;
}
```

[코드 1]을 실행하려면 하드 디스크의 C 디렉터리 밑에 temp라는 디렉터리가 있어야 해. 만약 그렇지 않으면 오류가 일어난단다.

코드를 실행한 후 탐색기를 이용하여 해당 디렉터리로 이동하면 test.txt라는 파일이 생성되어 있을 거야.

메모장 등을 이용해서 해당 파일을 열면 [그림 1]과 같이 HELLO라는 문자가 저장되어 있는 것을 확인할 수 있어.

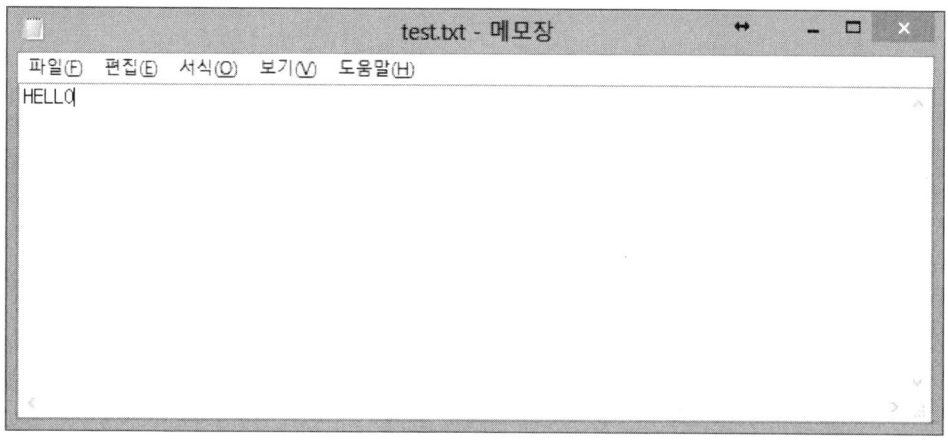

[그림 1] 문자 단위로 쓴 test.txt 파일 내용

fputc() 함수는 문자형 변수인 글자를 한 글자씩 파일에 저장할 때 사용된단다.

fputc() 함수는 문자를 출력하는 함수인데 fputc(72, fp);와 같이 함수의 첫 번째 인자 값에 'H'와 같은 문자가 아니라 아스키 코드 값을 지정해 줄 수 있어. 아스키 코드 값 72는 'H'를 의미하고 실제 파일에 저장해 보면 숫자 72가 저장되는 것이 아니라 문자 'H'가 저장된 것을 확인할 수 있을 거야.

2) 문자열 저장: fputs()

문자열을 한꺼번에 입력하려면 fputs() 함수를 이용하면 돼.

연습을 위해 [코드 2]를 작성해 보자.

[코드 2] 문자열 단위 파일 쓰기: fputs()

```c
#include <stdio.h>
#include <stdlib.h>

int main()
{
    char *str = "WELCOME\n";
    FILE *fp;
    fp = fopen("c:\\temp\\test.txt", "w");

    fputs("HELLO\n", fp);
    fputs(str, fp);
    fputs("MY NAME IS ERIC", fp);

    fclose(fp);

    system("pause");
    return 0;
}
```

[코드 2]를 실행한 후 해당 디렉터리로 이동하여 test.txt 파일을 열면 [그림 2]와 같이 파일이 출력된 것을 확인할 수 있어.

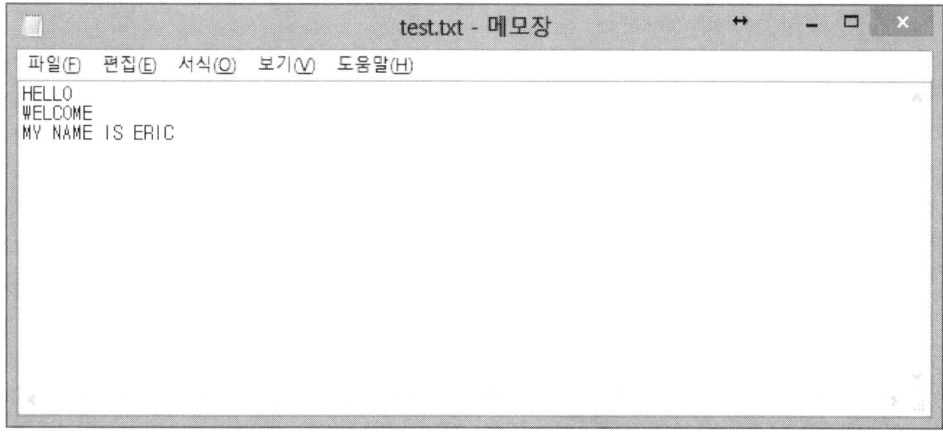

[그림 2] 문자열로 쓴 test.txt 파일 내용

문자열을 파일로 저장하기 위해 fputs() 함수를 사용하면 되는데 문자열 줄바꿈을 위해 문자열 내부에 개행 문자인 ₩n이 있는지 확인해야 한다는 점을 기억하기 바래.

3) 포맷 스트링 저장: fprintf()

fprintf() 함수는 printf() 함수와 동일한 형식으로 사용되지만 화면이 아닌 파일에 내용을 쓴다는 점에서 차이가 있어.

확인을 위해 [코드 3]을 작성해 보자.

[코드 3] 포맷 스트링을 이용한 파일 쓰기: fprintf()

```
#include <stdio.h>
#include <stdlib.h>

int main()
{
    FILE *fp;
```

```
    fp = fopen("c:\\temp\\test.txt", "w");

    char *strName = "ERIC";
    int age = 12;

    fprintf(fp, "My Name is %s. I am %d years old.", strName, age);

    fclose(fp);

    system("pause");
    return 0;
}
```

[코드 3]을 실행한 후 해당 디렉터리로 이동하여 test.txt 파일을 열면 [그림 3]과 같이 파일이 출력된 것을 확인할 수 있어.

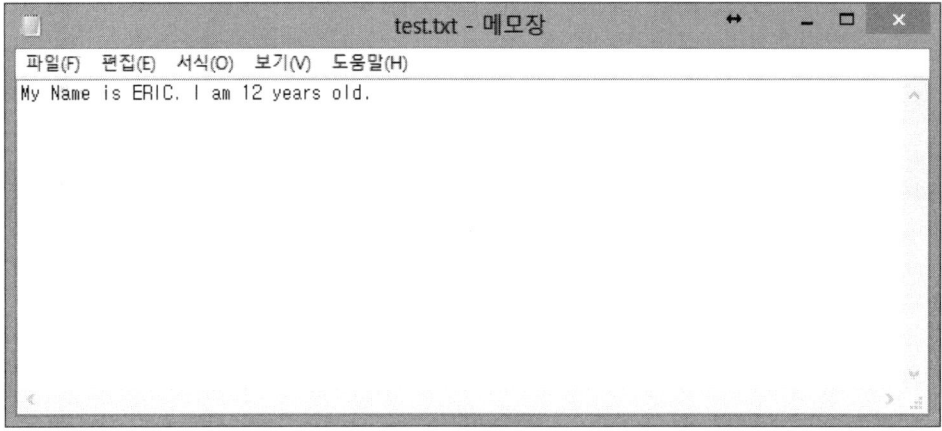

[그림 3] 포맷 스트링을 이용한 test.txt 파일 내용

17.3 파일 읽기

디렉터리에 있는 텍스트 파일의 데이터를 읽어 와야 할 때가 있겠지. [표 2]에 있는 함수들을 이용하면 된단다.

함수명	기능 및 예
fgetc(파일포인터)	FILE에서 한 문자를 가지고 오기(예: fgetc(fp);)
fgets(문자열 저장 변수, 문자 수, 파일포인터)	FILE에서 문자열 읽어 오기(예: fgets(str, 10, fp);)
fscanf(파일포인터, 포맷 스트링, 전달 인자)	scanf()와 동일한 형식으로 파일 일기(예: fprintf(fp, "%d", &a);)

[표 2] 파일 읽기 함수

파일을 읽어 오기 위해 특정 디렉터리에 [그림 4]와 같이 test.txt 파일을 작성할까? (이번 예에서는 c:\\temp\\test.txt 파일로 생성하자.)

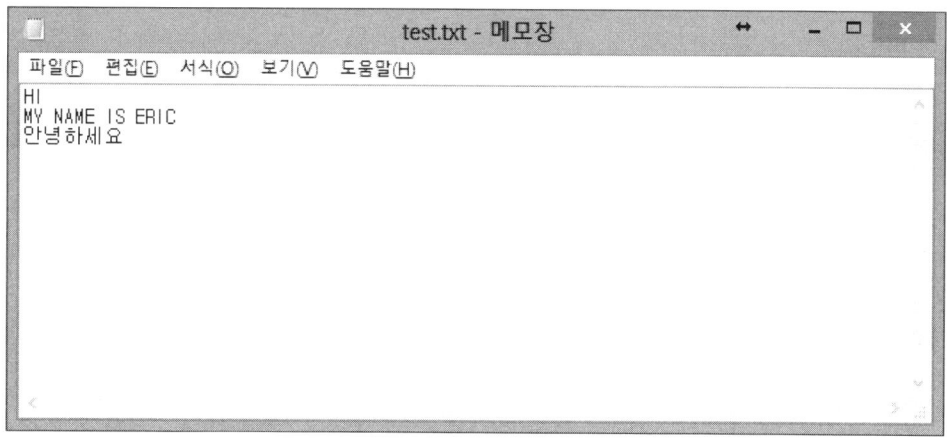

[그림 4] test.txt 파일의 생성, C:\\temp 디렉터리에 생성

1) 한 문자씩 읽어 오기: fgetc()

한 문자씩 파일을 읽어오기 위해 [코드 4]를 작성해 보자.

[코드 4] 문자 단위 파일 읽기: fgetc()

```c
#include <stdio.h>
#include <stdlib.h>

int main()
{
    char ch;
    FILE *fp;
    fp = fopen("c:\\temp\\test.txt", "r");

    /* [CODE 1] */
    if (fp != NULL)
    {
        /* [CODE 2] */
        while ((ch = fgetc(fp)) != EOF)
        {
            printf("%c", ch);
        }
    }
    else
    {
        printf("해당 파일이 없습니다");
    }

    fclose(fp);

    system("pause");
    return 0;
}
```

[코드 4]를 저장하고 실행하면 다음과 같이 나타난단다.

```
HI
MY NAME IS ERIC
안녕하세요
```

[CODE 1]에서는 먼저 지정한 파일이 존재하는지를 확인해. 이를 위해 fopen() 함수를 이용해서 전달받은 파일포인터 fp가 NULL인지를 확인해. 포인터가 NULL이면 else 구문이 실행되어 "해당 파일이 없습니다"라는 메시지가 화면에 출력된단다.

[CODE 2]에서는 while 문을 이용해서 계속 데이터를 가지고 온단. while 문의 조건식을 보면 두 개의 명령이 수행되도록 구성되어 있지. 먼저 fgetc() 함수를 이용해서 얻어 온 한 개의 문자를 ch에 할당한 후 ch의 값이 EOF(End Of File: 파일의 끝)와 같은지를 비교한단다. 여기서 EOF는 파일포인터가 파일의 끝까지 도달하면 반환하는 값이란다. while 문 내부에서는 얻어온 데이터를 화면에 출력하기 위해서 printf() 함수를 이용해. 더 이상 읽어올 값이 없는 EOF를 만나면 while 구문 블록을 빠져 나오겠지.

2) 문자열 읽어오기: fgets()

한 행씩 파일을 읽어오기 위해 [코드 5]를 작성해 보자.

[코드 5] 문자열 읽기: fgets()

```c
#include <stdio.h>
#include <stdlib.h>

int main()
{
    char str[100];
    FILE *fp;
```

```
    fp = fopen("c:\\temp\\test.txt", "r");

    if (fp != NULL)
    {
       /* [CODE 1] */
       while (fgets(str, 5, fp) != NULL)
       {
          printf("%s", str);
       }
    }

    fclose(fp);

    system("pause");
    return 0;
}
```

[코드 5]를 저장하고 실행하면 다음과 같은 결과가 나온단다.

```
HI
MY NAME IS ERIC
안녕하세요
```

문자열 읽기 함수인 fgets() 함수는 두 번째 인자로 읽어 들일 데이터의 수를 지정한단다. 만약 지정한 길이보다 파일의 길이가 작으면 파일의 끝까지만 가지고 온단다. 이를 [CODE 1] 부분에서 처리하겠지. fgets() 함수에서 "fgets(str, 1, fp);" 같이 읽어오는 문자열의 수를 1로 지정하면 'fgetc()'와 동일한 기능을 수행한단다.

fgets()에서 문자열을 읽어와 저장하는 변수(위의 예제에서는 char str[100])의 크기보다 읽어온 문자열의 크기가 더 큰 경우에는 프로그램이 실행 중에 오류를 발생하면서 종료되니 주의하기 바래.

3) 포맷 스트링 읽기: fscanf()

포맷 스트링 형식으로 데이터를 읽으려면 fscanf() 함수를 사용해야 해. 아래와 같이 코드를 작성할까.

[코드 6] 포맷 스트링 파일 읽기: fscanf()

```
#include <stdio.h>
#include <stdlib.h>

int main()
{
    char str[100];
    char ch;
    FILE *fp;
    fp = fopen("c:\\temp\\test.txt", "r");

    /* [CODE 1] */
    while(fscanf(fp, "%c", &ch) != EOF){
        printf("%c", ch);
    }

    fseek(fp, 0, SEEK_SET);   /* [CODE 2] */
    printf("\n**********\n");

    /* [CODE 3] */
    while(fscanf(fp, "%s", &str) != EOF){
        printf("%s\n", str);
    }

    fclose(fp);

    system("pause");
    return 0;
}
```

[코드 6]을 저장하고 실행하면 다음과 같은 결과가 나온단다.

```
HI
MY NAME IS ERIC
안녕하세요
**********
HI
MY
NAME
IS
ERIC
안녕하세요
```

[CODE 1]에서 fscanf() 함수의 세 번째 인자는 두 번째 인자에서 지정한 형식에 맞는 변수의 주소(&)를 할당해서 함수 내부에서 값을 대입할 수 있도록 지정한 후 while 문을 반복하면서 파일의 끝(EOF)이 도달할 때까지 문자형 데이터를 읽어 온 후 출력한단다.

파일포인터를 이용하여 데이터를 읽어오면 읽어온 부분의 끝에 파일포인터가 위치하게 된단다. [CODE 1]에서 파일의 끝(EOF)까지 데이터를 가져왔으므로 포인터는 파일의 끝을 가리키고 있는 상태야. 이 포인터를 특정 위치로 변경할 때 fseek() 함수를 사용할 수 있어.

지정 값	설명	예제
SEEK_SET	파일의 시작부터 지정한 값만큼 이동	fseek(fp, 10, SEEK_SET);
SEEK_CUR	파일포인터의 현재 위치부터 값만큼 이동	fseek(fp, 10, SEEK_CUR);
SEEK_END	파일의 끝부터 지정한 값만큼 앞으로 이동 이때 인자의 값은 음수로 지정	fseek(fp, -10, SEEK_END);

[표 3] fseek() 함수의 활용

[CODE 2]에서는 fseek() 함수의 인자로 SEEK_SET과 0을 지정했지. 이렇게 하면 파일 포인터는 파일의 맨 앞으로 이동한단다. fseek()를 사용하는 이유는 파일의 특정 위치로 이동하여 데이터를 가지고 오기 위해서인데 [CODE 2]에서는 현재 파일의 포인터를 맨 앞으로 이동해서 [CODE 3]에서 파일을 다시 읽는단다.

만약, [CODE 2]를 수행하지 않고 [CODE 3]을 수행하는 경우에는 이미 파일포인터가 맨 마지막에 와 있기 때문에 아무런 데이터도 출력하지 않게 되겠지. [CODE 2]를 실행한 이유는 [CODE 3]에서 파일을 다시 읽기 위해서란다.

[CODE 3]에서는 %s 인자를 이용해서 문자열을 읽어오도록 지정했는데 공백(스페이스) 단위로 데이터를 가지고 온 것을 확인할 수 있어. 데이터의 문자열이나 각 데이터 변수들의 값을 구분하는 단위로는 개행 문자(\n)나 공백(스페이스)을 사용한단다. (4장, "화면 입출력"에서 scanf() 함수를 설명하면서 문자열이 끊겨서 들어오는 것에 대해 설명했었지.)

17장을 마치며

이번 장에서 파일의 입력과 출력 방법에 대해 알아보았어. 데이터를 하드 디스크 등에 저장해 두었다가 필요할 때 읽어 오거나 저장하기 위해 FILE을 이용할 수 있어. 실제 프로그램을 할 때 많이 사용하니 꼭 기억하기 바래.

다음 장에서는 비트 연산자에 대해 알아보자.

18장 비트 연산자

18.1 진법 변환

18.2 비트와 바이트

18.3 비트 논리 연산자

18.4 비트 이동 연산자

컴퓨터를 사용하면서 비트(Bit), 바이트(Byte), 메가 바이트(Mega Byte) 또는 기가 바이트(Giga Byte)라는 단어를 들어 보았을 거야. 이러한 단어는 컴퓨터의 저장 공간의 크기를 나타내는 의미란다. 컴퓨터는 데이터를 처리하기 위하여 전기가 들어와 있는 상태(On: 1)와 꺼진 상태(Off: 0)를 이용한단다.

비트(bit)는 binary digit(바이너리 디지트)의 약자로 컴퓨터에 데이터를 저장하는 최소의 단위를 의미한단다. 컴퓨터의 기억 장치는 모든 신호를 2진수라는 방식으로 변경해서 저장하는데 숫자 0 또는 1의 값을 가지고 자료를 저장한단다.

이번 장에서는 비트에 대해 알아보고 각 비트를 어떻게 조작하는지 살펴보자.

18.1 진법 변환

0부터 9까지 10개의 숫자를 이용하면 실생활에서 숫자로 표현해야 하는 것을 모두 표현할 수 있어. 이렇게 10개의 숫자를 이용하여 숫자를 표현하는 방식을 10진수라고 한단다(10개로 표현하기 때문에).

0과 1, 2개의 숫자만 이용해서 표현하는 방식을 2진수라고 하고, 0부터 7까지 7개의 숫자로 표현하는 방식을 8진수라고 해. 그리고 0부터 9와 A부터 F까지 총 16개로 표시하는 형식을 16진수라고 한단다.

진법 변환이란 특정 진수(예: 10진수)를 다른 진수(예: 2진수)로 변경하는 것을 의미해. 진법 변환은 [그림 1]과 같이 이루어진단다.

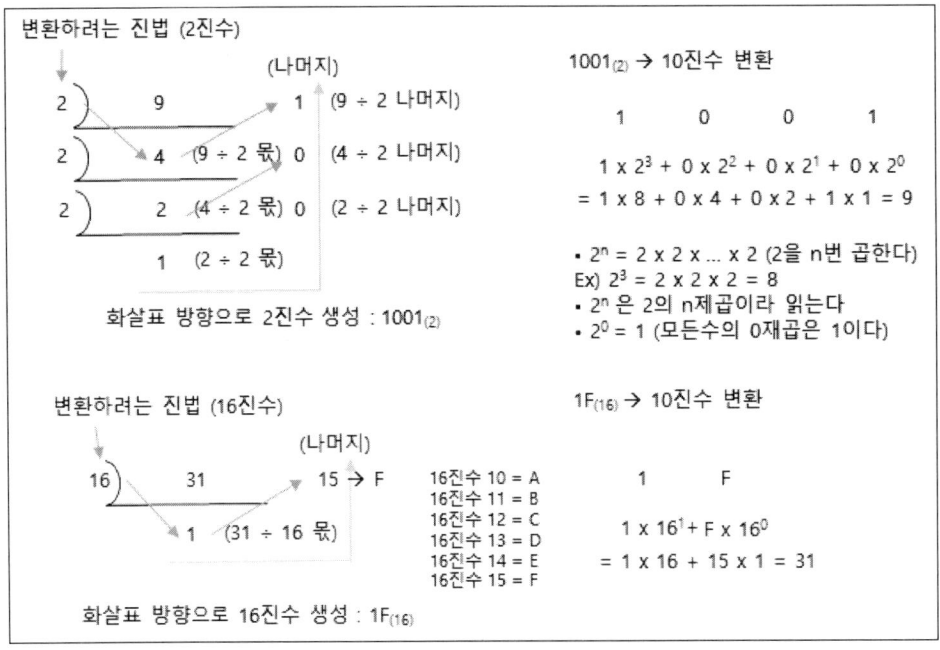

[그림 1] 10진수와 2진수 간의 진법 변환

[그림 1]은 10진수를 2진수로 변경하는 과정과 2진수를 다시 10진수로 변경하는 과정을 설명하고 있단다.

10진수를 원하는 진수로 변경할 때는 나눗셈과 나머지를 이용하는데, 변경할 숫자를 계속 바꾸는 진법으로 나눠주면서 나머지를 기록한단다.

더 이상 나눌 수 없는 상태가 되면 맨 마지막부터 거꾸로 올라가면서 기록을 하면 해당 진법으로 숫자가 변경된단다. 한번 해 보면 금방 이해가 될 거야.

반대로 10진수로 변경할 때는 해당 숫자를 나열한 후 맨 뒤부터 해당 진법의 승수를 0부터 1씩 늘려가면서 지수를 계산한 후 그 값과 곱해서 더하면 된단다.

[그림 2]는 10진수와 16진수 간의 진법 변환을 나타낸 것이야.

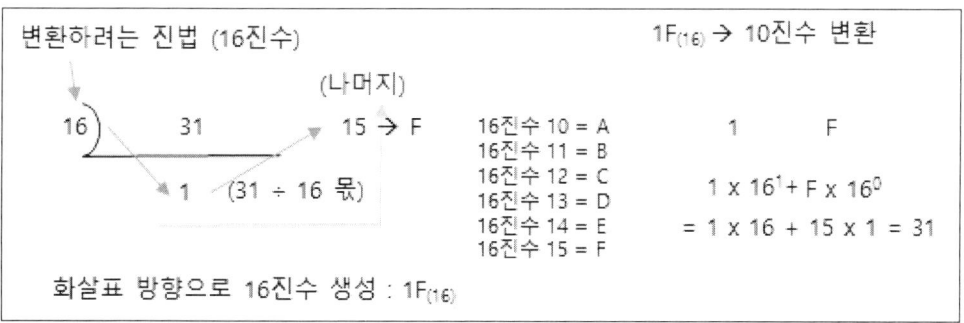

[그림 2] 10진수와 16진수 간의 진법 변환

10진수를 제외한 다른 진법의 숫자의 경우에는 표현하는 숫자 다음에 괄호를 넣고 해당 진수를 작게 표기(예: $1001_{(2)}$)해서 10진법과 혼동이 되지 않도록 하면 된단다.

18.2 비트와 바이트

앞에서 메모리는 전기가 들어온 상태(1)와 꺼진 상태(0)를 가지고 정보를 표시한다고 했는데 이 최소 단위를 비트(Bit)라고 부른단다. 그리고 1비트는 0 또는 1의 값을 가지며, 8개의 비트를 바이트(Byte)라고 부른단다.

1비트로는 2가지 값(0 또는 1)을 표현할 수 있지? 만약 2비트라면 어떻게 될까? [그림 3]은 비트가 늘어남에 따라 표현할 수 있는 값을 정리한 것이야.

```
1bit   0       2bit   00      3bit   000     8bit   00000000
       1              01             001
                      10             010
                      11             011
                                     100
                                     101
                                     110            ...
                                     111

                                                    11111111
       2가지         4(2x2)가지      8(2x2x2)가지    256(2x2x2x2x2x2x2x2)가지
```

[그림 3] bit 확장에 따른 표현 가능 범위

[그림 3]과 같이 비트가 확장됨에 따라 표현할 수 있는 범위가 2배 만큼씩 확장되는 것을 확인할 수 있지.

앞에서 언급한 아스키 코드(ASCII CODE)는 127개의 값을 가질 수 있다고 했으니 7비트만 가지고 있으면 가능하겠지? 확장 아스키 코드는 기존 아스키 코드로 표현하지 못하던 문자나 명령어 등을 포함하여 256개를 가지고 있는데, 이는 1바이트에 정보를 표현하기 위하여 지정한 것이란다.

대문자 A는 아스키 코드 값으로 65인데 이를 2진수로 바꾸면 $100001_{(2)}$이고, 이는 메모리 1바이트에 00100001로 기록된단다.

18.3 비트 논리 연산자

비트 논리(logical; 로지컬) 연산자는 각 데이터를 2진수로 변경한 다음 각 비트 단위로 연산을 수행하는 것을 도와준단다.

비트 연산은 상당히 까다롭고 혼동하기 쉬운데 이런 연산이 생긴 이유는 메모리 가격과 관련이 있단다. 과거에는 메모리 값이 너무 비쌌기 때문에 메모리를 적게 사용하면서 프로그램을 하려고 했기 때문이지.

예를 한번 들어 보자. 8명의 학생이 있는데 출석하면 1로 표시하고 결석하면 0으로 표시한다고 가정하자. 앞에서 배운 배열을 이용해서 int attend[8];의 형태로 만들거나 char attend[8]의 형태로 만들고, 각 인덱스에 값을 넣어주면 되겠지?

이렇게 하면 메모리는 [그림 4]만큼 사용된단다.

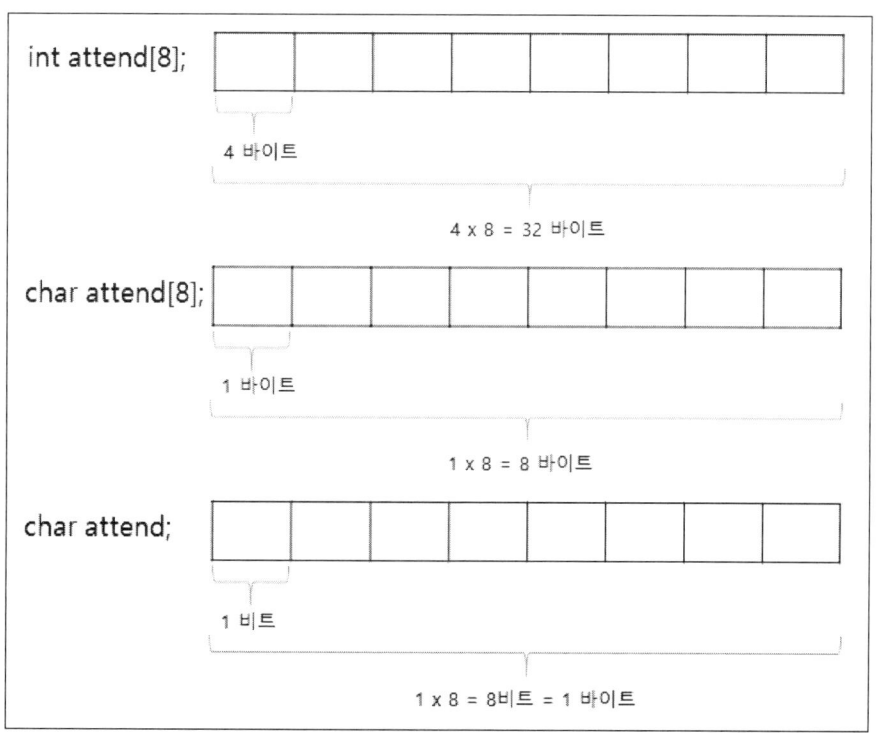

[그림 4] 동일한 데이터를 저장하기 위한 변수의 크기

[그림 4]에서 정수형으로 데이터를 표현하면 32바이트가 필요하지만, 문자형으로 선언해서 1 또는 0의 값을 넣으면 8바이트만 필요하단다. 또한 비트 값으로 1 또는 0을 넣으면 1바이트만 있어도 표현할 수 있게 되겠지. 그러면 사용해야 할 메모리 양이 훨씬 줄어들면서도 필요한 데이터를 저장할 수 있게 되는 것이란다.

일반적으로 정수형이나 문자형의 경우 인덱스를 이용하여 해당 데이터 값을 가지고 올 수 있지만 비트의 값을 읽기 위해서는 특별한 연산자를 사용해야 하는데 그것이 바로 비트 논리 연산자란다. 아래 표를 볼까.

비트 논리 연산자	활용	예제
&	비트 단위의 AND	a & b
|	비트 단위의 OR	a | b
^	비트 단위의 XOR	a ^ b
~	비트 단위의 NOT	~

[표 1] 비트 논리 연산자

우리는 앞서 9장 3절에서 논리 연산자에 대해 배웠는데, 이번 절에서는 변수에 대한 논리 연산을 하는 것이 아니라 비트에 대한 연산을 한다고 생각하면 이해가 쉽단다.

1) 비트 논리곱(AND) 연산자: &

비트 단위 데이터		연산 결과
a	b	a & b
0	0	0
0	1	0
1	0	0
1	1	1

[표 2] & 비트 연산자

비교하는 두 비트가 모두 1인 경우에만 1을 반환하고, 나머지는 모두 0을 반환한다.

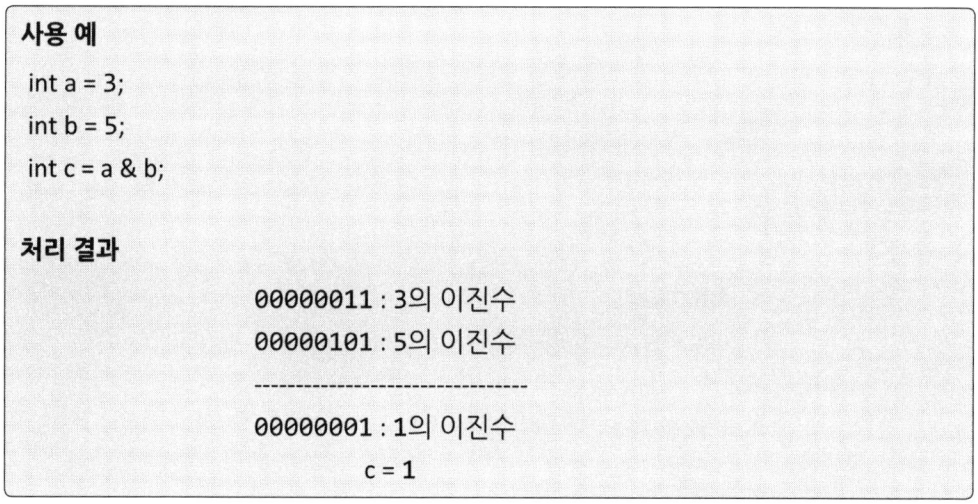

2) 비트 논리합(OR) 연산자: |

비트 단위 데이터		연산 결과
a	b	a | b
0	0	0
0	1	1
1	0	1
1	1	1

[표 3] | 비트 연산자

비교하는 두 비트가 모두 0인 경우에만 0을 반환하고, 나머지는 모두 1을 반환한다.

사용 예
int a = 3;
int b = 5;
int c = a | b;

처리 결과

```
00000011 : 3의 이진수
00000101 : 5의 이진수
-----------------------------
00000111 : 7의 이진수
          c = 7
```

3) 비트 배타적 논리합(XOR) 연산자: ^

비트 단위 데이터		연산 결과
a	b	a ^ b
0	0	0
0	1	1
1	0	1
1	1	0

[표 4] ^ 비트 연산자

비교하는 두 비트가 서로 다른 경우에는 1을 반환하고, 같은 경우에는 0을 반환한다.

사용 예

```
int a = 3;
int b = 5;
int c = a ^ b;
```

처리 결과

```
        00000011 : 3의 이진수
        00000101 : 5의 이진수
        -------------------------------
        00000110 : 6의 이진수
              c = 6
```

4) 비트 부정(NOT) 연산자: ~

비트 단위 데이터	연산 결과
a	~a
0	1
1	0

[표 5] ~ 비트 연산자

비교하는 두 비트가 서로 다른 경우에는 1을 반환하고, 같은 경우에는 0을 반환한다.

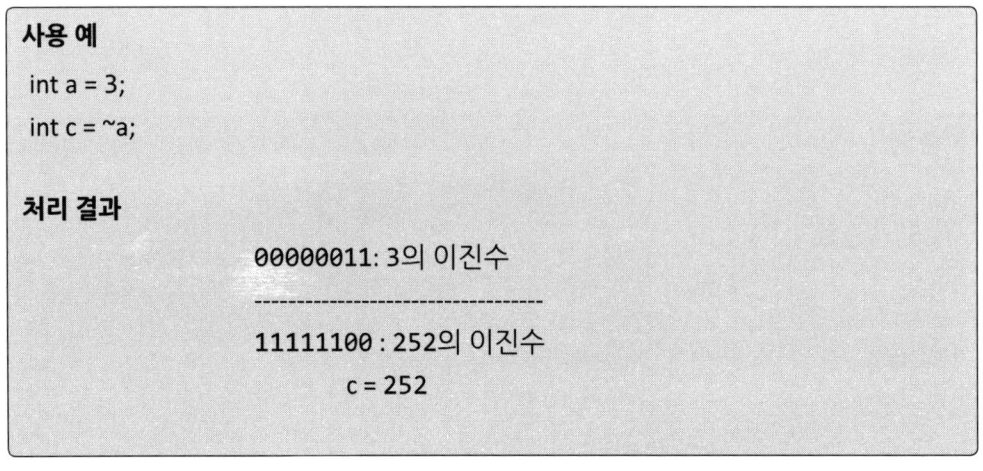

18.4 비트 이동 연산자

쉬프트(shift; 쉬프트) 연산자는 데이터를 비트 단위로 지정한 숫자만큼 움직여 줌으로써 값을 증가하거나 감소시키는 연산자로 사용된단다.

비트 이동 연산자	활용	예제
<<	왼쪽으로 지정 수 만큼 이동	a << 3
>>	오른쪽으로 지정 수 만큼 이동	a >> 3

[표 6] 비트 이동 연산자

비트 이동 연산자를 이용하면 비트의 값이 좌우로 움직이면서 없어지는 부분은 0으로 채워진단다.

[그림 5]를 참고해서 보자.

[그림 5] 쉬프트 연산자의 이용

[그림 5]에서 a 변수의 값을 좌측(<<)으로 2만큼 이동하면 상위 2비트는 없어지고 전체 비트가 좌측으로 2만큼 이동한 후 오른쪽에 공백인 비트는 0으로 채워진 것을 확인할 수 있어.

반대로 다시 a를 오른쪽(>>)으로 3만큼 이동하면 좌측에 3비트는 0으로 채워지고 원래 있던 오른쪽 3비트는 삭제되고 이동한 것이 확인되지.

이렇게 비트 연산을 하면 이동하는 비트 수 만큼(* 2, * 4, * 8, ...) 곱하거나(좌측으로 이동: <<) 나눠주는(우측으로 이동: >>) 것과 동일한 효과가 일어나는 것을 연산상으로 확인할 수 있겠지.

18장을 마치며

이번 장에서는 쉬프트 연산자를 이용하여 비트의 값을 이동하거나 해당 비트의 값이 얼마로 지정되어 있는지 확인할 수 있는 방법에 대해 알아보았어.

요즘은 컴퓨터에 4기가바이트 정도의 메모리는 기본으로 사용되고 있지만, 불과 20년 전만 하더라도 이 정도 메모리를 사려면 지금 컴퓨터 가격의 수십 배를 줘도 힘들었단다. 그래서 요즘은 프로그램을 작성할 때 메모리를 예전처럼 아낄 필요는 없겠지만 그래도 아끼면 좋겠지. 또 그렇게 해야 할 경우도 생길 거야.